PARTÍCIPES DE LO IMPUNE

Germán Rodríguez

PARTÍCIPES DE LO IMPUNE

Primera edición: marzo 2019

ISBN: 978-84-17784-54-6
ISBN digital: 978-84-17784-55-3
Depósito legal: M-8970-2019

Editorial Adarve
C/ Marcenado 14
28002 Madrid
editorial@editorial-adarve.com
www.editorial-adarve.com

Impreso en España

El novelista es todos y cada uno de sus personajes, con el total de las contradicciones que esa multitud presenta. Es a la vez, o en diferentes momentos de su existencia, piadoso y despiadado, generoso y mezquino, austero y libidinoso. Y cuanto más complejo es un individuo, más contradictorio es.

ERNESTO *SÁBATO*

Hemos sufrido tanto para encontrarnos y aún así
estamos destinados a perdernos.

Cimas

Los viajes internos son aquellos que nos marcan sin siquiera movernos de nuestro lugar. «Las penas del Álvaro» me hicieron recorrer los maravillosos empedrados caminos del amor, las pasarelas más empinadas de la obsesión y los riscos escarpados y pintorescos de la soledad. Escalamos nuestros propios sueños sabiéndolos inalcanzables. No podremos saciar nuestra sed sin antes generarla.

La vida jamás nos esperará, aunque a veces se olvide de nosotros.

Seamos tristes en nuestra felicidad pero nunca, oh Dios mío, nunca seamos felices en la tristeza. No nos acostumbremos a la soledad, no nos obliguemos al miedo. No seamos merecedores de nuestras penas.

Que nuestro dolor muera con nosotros cada noche, y que tarde en florecer por la mañana.

Quizá alguien pueda entenderlo…

Un libro

En mi ya acostumbrado recorrido semanal por viejos puestos de antigüedades y librerías de mala muerte en busca de alguna reliquia olvidada, me había propuesto encontrar uno de los libros que había cambiado mi perspectiva sobre la literatura romántica. El manuscrito en cuestión era *Las penas del joven Werther*, del excéntrico autor alemán Johann Goethe. Mi empresa se desarrolló con más dificultad de lo que pensaba. Luego de varios rechazos y redirecciones, me topé con un pequeño puesto callejero, atendido por un anciano canoso de boina gris. Sus pantalones de vestir marrón *curry* estaban sujetados por un solo tirante deshilachado que estaba a punto de seguir el destino de su par y su camisa marcaba amplias manchas de humedad.

—¿Qué anda buscando, muchacho? —me gritó en la distancia con una voz algo ronca—. Pregunte nomás.

—Estoy mirando, gracias —respondí sabiendo lo que buscaba y conjeturando erróneamente que el octogenario anciano no iba a entender mi pedido.

El puesto estaba compuesto por una magullada lona tipo *nylon* y una centena de libros, tapa dura en su mayoría, desparramados al azar. Se notaba el desgaste del sol y la humedad de donde fuera que se almacenaban. Mi vista recorría rápidamente los títulos, como quien sabe que no va a encontrar lo que busca, ante la atenta mirada del puestero. Ya a punto de retirarme del lugar le pregunté, casi por cortesía, si poseía el libro en cuestión.

—¿Las desventuras, dirás? —me corrigió—. Ya te lo alcanzo, hace mucho que no me pedían este…

—¿Cuánto es? —pregunté.

—Está marcado en la primera página, creo que está a veinte pesos —contestó velozmente.

Con un leve movimiento de cabeza afirmé. Tomó otro ejemplar del mismo libro que se encontraba en una mesa a su espalda, quitó algo del interior y me lo entregó. Le pagué justo y guardé el libro en mi morral. Contento por la concreción de mi propósito me dirigí hacia mi casa caminando bajo la suave lluvia que empezaba a caer sobre la ciudad. Abroché mi campera y le di una vuelta más a mi bufanda cuadrillé verde. Pensé en desviarme unas cuadras para ver el mar, pero no lo hice. Caminé directamente a la casona de la calle Funes donde me esperaba mi esposa con la comida. Mi andar era lento, más que de costumbre. Disfrutaba la sensación que provocaban las gotas bajando por mis mejillas hasta escurrirse en la parte inferior de mi quijada. Las inclemencias del tiempo en Mar del Plata nos tienen acostumbrados a los chaparrones espontáneos o a esas precipitaciones uniformes de gotas imperceptibles que algunos llaman llovizna. Al llegar, mi esposa Isabel me recibió con su cara de ofuscación clásica de cuando regresaba de mis paseos empapado. Siempre decía que no valoraba su trabajo en la casa. Su tempestuoso humor tardaba mucho tiempo en cambiar, pero no esta vez y, al sentarnos a cenar, ya volvió a sonreír con esos dientes de impoluto blanco, que apenas eran eclipsados por sus ojos azulados que funcionaban como un arma de seducción masiva para cualquiera que los mirara fijamente por más de diez segundos. Isabel y yo nos conocimos y enamoramos en la Facultad de Periodismo de Palermo. Allá por el año 98, nuestros caminos se cruzaron por primera vez en una clase de investigación y, aunque no dejamos de mirarnos por un segundo, no pasó más que eso. Luego volvimos a vernos las caras durante una presentación oral que di en el aula magna sobre economías emergentes latinoamericanas. Mi discurso trascurría con la entereza congénita que me caracterizaba. Estaba concentrado, hasta casi cabreado con el tema en cuestión pero con todo bajo control. Hasta que la vi allí, sentada en la quinta fila al lado de la ventana, con su cabello castaño oscuro recogido, sus lentes cayendo levemente sobre su esbelta nariz, mientras mordía sutilmente un bolígrafo Parker de capuchón dorado. Empecé a tartamudear de forma automática, mezclaba las oraciones que tenía ordenadas a la perfección en mi cabeza y confundía ciudades como Cuzco con Potosí o Quito con Lima. Aprobé raspando.

A la salida me interceptó bajando la escalera que desembocaba en Cabildo.

—Me gustó la charla, lástima que estabas medio nervioso —dijo.

—¿Medio? —reímos tanto por nerviosismo como por incomodidad.

Yo no era ningún sabio en el arte de la seducción. Me sentía inquieto, dubitativo, pero ella parecía calmada, como si hubiese hecho aquello miles de veces.

—¿A dónde vas? —preguntó ella.

—A mi casa —mentí, en realidad me dirigía a la de una de mis abuelas pero me dio algo de vergüenza decirlo.

Caminamos juntos unas cuadras hasta que ella dijo que ahí se tomaba el colectivo, nos sentamos, lo esperamos juntos, hablamos, hablamos mucho, pasó el colectivo y no se subió, el tiempo pareció detenerse cuando ella tomó mi mano y la frotó entre sus palmas. Me miró fijo, la miré, sonreímos y nos besamos desenfrenadamente, como dos adolescentes, en la parada del 43 a Laferrere.

Desde ese entonces nos volvimos inseparables; dejé de frecuentar a mis amigos para concentrar mi tiempo en ella, apuré mis estudios para poder formar una familia y abandoné mis sueños juveniles porque ella se había trasformado en mi único sueño.

A los pocos años de habernos graduado recibimos una suculenta oferta de un periódico marplatense para transformarnos en jefes de redacción. No hubo lugar a dudas. Armamos nuestras valijas, tomamos a la pequeña Josefina de tan solo dos años, fruto de nuestro amor, y partimos hacia La Feliz, de donde la familia de Isabel era oriunda.

El Atlántico nos brindó una hermosa casa en el barrio Pompeya. Una construcción colonial, algo descuidada, pero imponente.

La casona comprendía tres pisos: un sótano, la planta baja y un piso superior. Apenas uno entraba se chocaba con un amplio salón comedor pintado de un sobrio vino tinto interrumpido con bandas blancas. El techo, ubicado a más de seis metros de altura, permitía el ingreso y expansión de luz a toda la casa. En la sala, justo enfrente del ventanal, se encontraba una enorme biblioteca que, pese a nuestra gran cantidad de libros, no supimos llenar. Tras subir una escalera de veintitrés escalones, se abría un breve pasillo que llevaba a tres puertas: nuestro dormitorio, el de la pequeña Josefina y al último, un pequeño cuarto con una minúscula terraza, que lo trasformé en mi estudio personal.

Mi pasión por el periodismo de investigación me hizo meter las narices donde no debía o donde se suponía no debía meterlas. Gracias a eso, recibí una jubilación más que generosa a muy temprana edad. Con apenas treinta años ya me habían jubilado, o me fueron, como se dice en los trabajos. Gracias a eso, pude dedicarme de lleno a la crianza de Josefina, mientras mi esposa se compenetraba cada vez más con su nuevo empleo de jefa de prensa de la municipalidad de General Pueyrredón que, aunque nunca se lo dije, no solo se debía a sus indudables habilidades y carisma como escritora, sino también porque las actividades ilegales que había descubierto en mi época más intrépida en *El Atlántico* involucraban a funcionarios de la intendencia. Y siempre conjeturé que ellos la querían mantener cerca, como una especie de seguro para que yo no abriera la boca.

La cena fue tranquila, nuestra hija se había ido a dormir a casa de una compañera de escuela y pudimos disfrutar de una velada como cuando éramos novios. Tomamos champán para celebrar un reciente aumento de sueldo de Isabel y luego, borrachos de emociones, hicimos el amor sobre la mesada. Ella subió a la habitación y dijo que me esperaría despierta mientras yo fumaba mi religioso cigarrillo nocturno en la galería. Sabía que se quedaría dormida rápidamente. Pasé junto a la pieza, la puerta estaba entreabierta y me quedé apoyado en el marco observando su sueño durante unos minutos. Luego me dirigí al estudio contiguo donde pretendía terminar algunos de mis artículos inconclusos. Me desplomé en el sillón, prendí otro cigarrillo mientras hojeaba un tomo de las obras completas de Hemingway que nunca me animé a terminar de leer. Me estiré para abrir la ventana. Isabel no toleraba que fumara en la casa. Ahí fue cuando vi el morral que se encontraba prolijamente acomodado sobre una de las sillas de pana color crema que habían venido con la casa y recordé la adquisición de la tarde. Tomé el libro, tiré algunos papeles al piso y me propuse hojear algunos capítulos al azar.

Lo abrí en la página sesenta y pico y mi mirada automáticamente se dirigió a una frase en negrita que sobresalía de las demás y dictaba lo siguiente:

«Sentir es sufrir cuando se siente de la misma manera con la que se ama. Lágrimas caen sobre viejos recuerdos empolvados de un corazón averiado. El olvido disuelve las tristezas y el recuerdo exacerba lo que, quizá, nunca fue tan bueno.

»Álvaro apretó el papel en su mano con cólera, no pudo evitar llorar. Volvió a abrir los pliegos y continuó leyendo, mientras las lágrimas seguían cayendo sin escalas sobre la carta.

»Lo justo y lo real, buscar injusticias, echar culpas al resignado destino que se escribió o se escribe sin nuestra autoría. ¿Es justa nuestra suerte? ¿O es la suerte lo que hace a la justicia? Gracias al azar tenemos decisiones y esas decisiones hacen de nuestra vida una ruleta en la que nosotros elegimos nuestra suerte aunque, claro, no lo sabemos.

»Se sentía solo, decep...».

Interrumpí la lectura bruscamente. Hacía cuantiosos años que había leído *Las penas del joven Werther* pero, sin duda, estas no eran las palabras, ni la narrativa de Goethe. Tampoco recordaba a ningún Álvaro en la historia.

Retorné a la primera página donde el título se encontraba tachado con lápiz y sustituido: *Las penas del joven Werther. ÁLVARO.* Me irrité. «Léalo, luego compréndame», apenas se percibía abajo del título en una imprenta desprolija y borroneada. Arrojé el libro bajo la mesa y me fui a acostar.

Al día siguiente, a eso de las siete de la tarde, me encaminé nuevamente hacia la esquina de 25 de Mayo y La Rioja. El hombre ya no estaba y, por añadidura, tampoco el puesto. Pensé en ir a comprar el libro a otro lado. La idea no perseveró mucho en mi cabeza. Volví a casa, empezaba a lloviznar. Isabel y Josefina se habían ido a pasar el día a Sierra de los Padres. Mis suegros poseían una hermosa casa quinta en lo más alto de la sierra y, por la espesa tormenta que se asomaba, resolvieron quedarse por la noche.

Estaba solo. Tenía la casa para mí. Quise aprovechar el silencio y terminar algunos de mis artículos, los repasaba, los releía, pero no contaba con la concentración que correspondía para escribir una sola palabra. Me zambullí en mi estudio con un *brandy* en una mano y un parisién en la otra. Miraba la luna por la ventana y por entre las nubes, nada relevante pasaba por mi cabeza hasta que volví a ver el libro debajo de la mesa. Lo levanté y, con un desinterés producido por el exceso de alcohol, comencé a leerlo. Esta vez desde el principio.

II

Las penas del Álvaro

Capítulo primero

—Me enamoro todas las noches de alguien diferente, quizá hasta de mí mismo. Reír, abrazar, besar a otro ser humano por primera vez es, acaso, el amor para mí —filosofó Álvaro antes de golpear el grueso vaso de JB contra la mesa, y continuar—. Algo único, primerizo, intentar enamorar es una tarea tan fina y dificultosa como aprender a amar. Tal vez algún día quiera enamorar todas las noches a la misma persona, ¿será una señal de amor? ¿O tal vez de que no quiera seguir intentando buscar ese amor que todavía no he encontrado? —antes de poder contestar estas preguntas de las cuales ninguna persona puede alardear conocer las respuestas, su amigo y compañero de años, el obtuso Adrián Carmona lo interrumpió con una risa y una mirada de resignación.

La mayoría de los muchachos que se reunían en el bar de la calle Corrientes, aunque ninguno llegaba a los treinta años, ya estaban casados hacía tanto tiempo que se habían olvidado de las sensaciones que el primer amor despierta, y más aún, en un joven como Álvaro Mansilla, que era el menor del grupo.

Ya en la vereda, comenzaron los cordiales saludos de los jóvenes que emprendían la retirada a sus respectivas casas para acostarse, como todas las noches, junto a sus respectivas esposas. Pero no Álvaro, él no era así. Él creía tanto en el amor que suponía no lo encontraría nunca, porque si lo encontraba tal vez sería resignarse a no hallar otro aún más fuerte. En cuestión de minutos quedó solo sentado en el cordón y lo único que le venía a la mente era ese recurrente pensamiento de soledad, ya que desde hacía años era el único soltero del grupo. Esa era su elección, siempre la mantuvo como una convicción que, si no cumplía, se defraudaría a sí mismo. La mayoría de sus amoríos eran efímeros pero intensos y, a su vez, fáciles de olvidar. Sus amigos le decían: «Ya va a llegar esa que te va a volar la cabeza». Pero lo que no sabían era que «esa» ya había llegado y que, tan rápido como había llegado, se había ido.

Noche tras noche, año tras año, era su último pensamiento antes de entregarse al sueño y el primero al despertar. Pasado el tiempo, sus sentires eran tan intensos como el primer día que la vio junto a su padre, entrando en aquel restaurante de la zona de La Perla.

Desde que había terminado la escuela, su madre, debido a sus repetidas negaciones por el estudio, lo había mandado a trabajar como mozo al restaurante de un amigo de su tío, en el cual ya había pasado algunas temporadas. Pero claro, el invierno en Mar del Plata no es como el verano y Álvaro pasaba más tiempo insinuándose a las mozas o jugando a las chapitas con los cocineros que atendiendo mesas.

Fue una fría noche de julio cuando la vio entrar vestida con un inmaculado vestido blanco junto a su padre y su hermano. Su cabello rubio y ondulado caía con una destreza admirable sobre los hombros, y sus ojos color miel parecían desentenderse de todo alrededor. Álvaro no olvidaría esa escena en toda su vida. En un segundo supo que no iba a ser una más, que con esa persona debía pasar el resto de su vida. Su imaginación se fue con ella, se pensó envejeciendo juntos de la mano, fantaseó con tres hijos con el cabello de su madre que correteaban a su alrededor. Se vio feliz y le gustó.

—Disculpe, ¿la reserva de la familia Argón es esta? —dijo el padre con un tono violento y autoritario señalando una mesa junto a la ventana en la que se leía un cartel de reservado.

Álvaro movió la cabeza como quien despierta de un sueño y sonrió.

—Enseguida le digo, señor.

Tomaron asiento y los atendió el Flaco Mancuello. Él estaba muy tenso para hacerlo y pensó que se le iban a caer las cosas de la bandeja, ya que cuando se ponía nervioso le transpiraban mucho las manos. Acomodado en la barra no podía dejar de mirarla y, aunque simulaba no hacerlo, era más que evidente que no podía sacarle los ojos de encima.

Desde el extremo del salón, sosteniendo sus codos sobre la barra y con una sonrisa jovial y picarona en su rostro, analizaba un acercamiento a la muchacha que le parecía dificultoso. Comenzó a observar todos los detalles. Si iban al baño, qué comieron, hasta pensó, en un momento de locura, sabotear el café del padre y el hijo. Vio, entonces, que los dos hombres llevaban un pañuelo negro prolijamente doblado en la solapa, en señal de luto por la muerte de la jefa espiritual, ocurrida hace menos de una semana y supuso que eran peronistas de primer orden. Entonces quiso aproximarse con aquel pretexto pero rápidamente abandonó la contingencia. Tomó una servilleta y escribió: «Ningún sentir es eterno, el final es casi tan inminente como el comienzo. Probablemente lo único que importa es el presente, el disfrute de lo momentáneo. Álvaro: 45 – 2451». Y la introdujo sigilosamente en la cartera de la chica, gracias a un acto de distracción del Flaco Mancuello digno de un ilusionista del mítico Covent Garden de la capital británica.

Pasaron los días, las semanas y Álvaro no podía sacar de su cabeza el rostro de la pobre chica. Iba poco y nada al bar con sus amigos porque le atormentaba la idea de que ella llamara y nadie le contestara. Había dado estrictas órdenes a sus padres sobre qué decir si él no se encontraba en la casa. Cada vez que el teléfono sonaba, corría a su encuentro y atendía con el mayor de los entusiasmos hasta que comprobaba que en el otro lado no estaba la muchacha de ojos color miel. Entonces cortaba. La casa de los Mansilla era una de las pocas residencias de la cuadra que poseía un aparato telefónico propio, por eso mismo muchos de los vecinos dejaban aquel número como referencia de localización.

Cuando se acostaba teorizaba sobre por qué no llamaba, por qué no merecía su amor y ahí, en un momento de lucidez, fue cuando se dio cuenta de que probablemente la chica pensaba que él era en realidad Mancuello. En sí, era lo más probable ya que él había atendido la mesa. No era por nada que no llamaba, el Flaco, como le decíamos, tenía cuarenta años pero parecía de sesenta, con sus ojeras caídas, la barba crecida y el cabello lleno de canas engominado hacia atrás. Había trabajado toda su vida de mozo en varios bares de la ciudad, lo que le había hecho una fama muy particular con el uso de la bandeja. Se decía, o al menos él contaba, que una vez llevó sesenta copas en una sola bandeja sin volcar una gota. Se sonrió y dijo en voz alta en la oscura habitación de la calle Catamarca:

—Piensa que soy Mancuello.

El pecho se le llenó de alegría porque ahora tenía la certeza de que la muchacha no sabía quién era y todavía tenía una oportunidad. Todos los días era el primero en llegar al trabajo y el último en irse, cada tanto se asomaba a la vereda con la ilusión de verla venir. Pero no, no pasó.

Los meses hicieron que desapareciera por completo la esperanza de una llamada y solo se aferraba a la posibilidad de una vuelta al restaurante. Aun así, cada vez que el teléfono sonaba se le estremecía el pecho, aunque sabía que seguramente sería la tía de alguno.

El desamor creció de manera desorbitante en un chico que apenas tenía veintiún años. Mientras sus amigos cumplían con las reglas sociales con una imbécil ingenuidad y sucumbían en relaciones sin pasión, Álvaro aprendía las estrategias del amor, jugaba con las emociones de las muchachas con una impunidad triste, ya que en un segundo entendió lo que era el amor y en ese mismo segundo supo lo que era perderlo. Especulaba con los sentimientos de las pobres chicas, hacía planes, cantaba una y otra vez las mismas canciones. Las llevaba a los mismos lugares y hasta, a veces, pedía lo mismo. Caminaba tomado de la mano por las mismas baldosas una y otra vez, y se parafraseaba a sí mismo. En eso se había trasformado el amor para él: una rutina de repeticiones en la que solo cambiaba la coprotagonista de la trama. Era una especie de camaleón que mutaba su personalidad según lo que la otra persona necesitaba o deseaba. Álvaro había sido dotado con un extraño poder de seducción y se consideraba a sí mismo un auténtico rompecorazones. Había roto decenas de ellos, ultrajado cientos de sentimientos y defraudado las caricias más reales. Pese a eso, se sentía orgulloso de sí mismo. El vicio de la mujer era su único vicio.

Pasaron los años y, hasta a veces, había días en los que no se acordaba de los rizos de la chica de la cual nunca conoció el nombre. Ya ni sabía lo que sentía. Se levantaba pensando en ella, pero apenas podía recordar su rostro y a menudo lo confundía con el de alguna moza o la hermana de algún amigo. Llegó a pensar que tal vez se la hubiera cruzado nuevamente y no la había reconocido, pero ese pensamiento se desvanecía con la misma rapidez con la que el corazón siente.

Una noche se encontraba solo y borracho en el cordón, sus amigos se habían ido y lo abordaba el recuerdo de las noches de verano. Con la cabeza mirando el suelo y sus dedos tomando la punta de los mocasines de cuero negro, sintió una mano en el hombro y una voz áspera que le decía:

—Qué raro vos solo y no revoloteando con alguna mina.

Álvaro alzó la cabeza pero ya había reconocido esa maravillosa tonada paisana que lo había acompañado los últimos cuatro años en el bar. Eran Mancuello junto al Gordo Titi, uno de los cocineros del bar encargado de levantar el prode clandestino de la cocina.

—¿Y? —indagó—. ¿Seguís pensando en la rubia peronista?

Escupió y miró a su amigo con una mirada cómplice y una mueca que hablaba por sí sola.

—Te tengo una sorpresa pibe; me crucé con el viejo —continuó.

—¿Qué? ¿Dónde? —replicó el joven.

—Tranquilo, pibe —apaciguó el diálogo—, que no me lo encontré acá a la vuelta; me lo crucé la semana pasada en el parque Lezama cuando fuimos con el Gordo a ver Racing-San Lorenzo. No sabes qué partidazo.

—¿La viste a ella? —dijo pisando las palabras.

—¿Estás sordo? —dijo riéndose el Flaco—. No la vi a ella. Él estaba hablando con el del puesto de diarios, parecía como que esperaba a alguien. Nosotros estuvimos diez minutos hasta que vino el colectivo y no apareció nadie.

—Para mí que estaba haciendo pinta —acotó el Gordo.

Álvaro miraba anonadado, no sabía qué decir.

—Ah sí, vino alguien —continuó Mancuello.

—¿Sí? ¿Quién? —recuperó la esperanza.

—El 55 —y se echó a reír—, déjate de joder, pibe, con todas las minas que hay.

—¿Cómo te acordaste de él?

—Nene, Mancuello jamás se olvida la cara de un cliente y menos de uno tan hinchapelotas como ese —dijo y entró en el bar con el Gordo Titi que apenas se sostenía en pie.

Lo poco que la había olvidado volvió a él con más fuerza y en un santiamén tomó la resolución de abordar el primer marplatense de la mañana hacia Constitución. Una decisión tomada con mayor rigor etílico que conciencia. Llegó a su casa a eso de las dos de la mañana y escribió una breve nota para sus padres que decía: «Me voy a Buenos Aires a ver a River con el Bocha, vuelvo el domingo». Agarró un poco de plata, metió un libro y algo de ropa en una mochila camuflada y salió hacia la estación con la única premisa de encontrar a esa muchacha que lo atormentaba desde hacía cuatro años. El tren partía recién a las siete de la mañana, así que tuvo tiempo de pensar en lo ilógico de su accionar, pero se confortaba diciendo en voz muy bajita:

—Si me vieran los muchachos.

Entró en el bar de la estación, pidió una servilleta y anotó: «Factores adversos, grandes casualidades hacen de la felicidad y la sorpresa algo superador. La imposición de lo incorrecto, la adrenalina de lo disparatado se compensan con la sonrisa del loco». Lo releyó, sonrió, lo hizo un bollo y lo metió en el bolsillo del pantalón.

El ambiente en la estación no era el mejor, con las escasas luces que había, los indigentes aprovechaban para dormir bajo los bancos de piedra amarillenta de los andenes y la poca gente que deambulaba por los pasillos parecía más bien estar escondiéndose de la policía que esperando un tren. Álvaro no se asustaba por el entorno pero tampoco se presagiaba cómodo.

Pese a haber nacido en una familia de clase media bastante acomodada, supo criarse desde muy temprana edad en la calle, aprendiendo a coscorrones y corridas cómo eran las cosas en la vida. Era un consumidor insaciable de literatura, o, como solía denominarse, «un apasionado devorador de libros», amaba escribir y se emocionaba con la poesía más cruda de Almafuerte o los versos de Rubén Darío. No leía para acumular datos o información, lo hacía para pulir su personalidad, para poder encontrar una lucidez que le permitiera vislumbrar otros y, quizá, mejores placeres. Pero allá en el barrio se veía en la obligación de mostrarse reacio, rudo. Creía imponer respeto de esa forma. Había descubierto la literatura a muy temprana edad. La biblioteca pública de la ciudad quedaba a solo dos cuadras de su casa y con apenas ocho años consiguió su carnet de lector.

Al subirse al tren se acomodó tímidamente en un asiento frente a la ventana, a unos pasos del salón comedor. Se replegó. Estiró las piernas a su máxima extensión, entrecruzó los dedos de sus manos detrás de la nuca y, antes de cerrar los ojos, suspiró:

—Si me vieran los muchachos.

III

Las penas del Álvaro

Capítulo segundo

Varias horas habían pasado desde que el joven Mansilla había arribado a la Capital Federal. No era su primera visita, pero sí debutaba en una expedición solitaria por la metrópolis. Deambuló por Florida, visitó el obelisco y se obnubiló mirando las gigantescas marquesinas de la calle Corrientes. Su objetivo estaba claro: llegar antes del atardecer al parque Lezama.

Se perdió, y se perdió feo. Terminó a las nueve de la noche en la estación de La Paternal. Ni él sabía cómo acabó ahí. Se cuestionó lo que estaba haciendo y hasta pensó seriamente en volverse a Mar del Plata. Pero su pertinacia de enamorado rechazado pudo más y, tras una serie de instrucciones de un levantabarrera, logró llegar al parque Lezama a las dos de la mañana. Durmió en uno de los bancos de la plaza hasta que el sol se asomó por la avenida Martín García y se le hizo imposible continuar el sueño. Caminó en busca del puesto de diarios. Localizó dos. Todavía estaban cerrados. Aprovechó y entró en un bar que estaba levantando las cortinas. Se pidió un café con leche con tres medialunas. Leyó la parte de deportes de *Clarín* y se dio cuenta de que River jugaba en Córdoba en esa fecha. Indignado consigo mismo, presintió que su mentira no iba a durar mucho de todas maneras, pero más adelante habría tiempo para excusarse con sus padres.

Esperó que fueran las ocho de la mañana para ir a indagar al primer quiosquero de la esquina de Brasil y Defensa. Se acercó de forma casual, como quien no quiere la cosa, el tipo no le dio pelota, es más, apenas lo miró.

—Decime qué es lo querés, pibe —le dijo con un tono austero—, no ves que estoy laburando, me espantás a los clientes.

—Perdón, lo que pasa es que estoy buscando a un tipo, bah, en realidad a la hija.

—¿Y? —gritó el quiosquero mientras acomodaba las revistas de espectáculos en una de las vidrieras exteriores del puesto.

—Lo único que sé es que el apellido es Argón, creo que es peronista y tiene dos hijos —dijo pisando palabras.

—Yo qué sé, pibe, si me decís el nombre por ahí te ayudo.

—Es alto, pintón, la semana pasada estuvo hablando con usted un rato, antes de que jugara Racing contra San Lorenzo.

—¿Sos de Racing vos? —indagó el quiosquero mientras se reía.

—No, señor, yo soy de River —dijo como quien se defiende de una acusación.

—Mejor, porque si eras de Racing no te decía un carajo. Mirá pibe, la semana pasada yo no laburé. El puesto lo atendió mi cuñado Mauricio, por ahí era amigo de él. Yo qué sé. El atiende los fines de semana, si venís mañana seguro lo encontrás.

Álvaro sonrió, creyó estar un paso más cerca de los brazos de su amada.

—Ahora, rajá —finalizó.

Le agradeció con un movimiento de cabeza y se afanó una *Condorito* cuando el quiosquero se dio vuelta para atender a una señora.

Tenía todo el día por delante y ninguna pista certera que seguir, solo la del cuñado. Ese era el único puesto de diarios de todo el parque, el otro terminó siendo un quiosco de gaseosas y golosinas. Eso le daba cierta confianza. Bajó por Defensa hasta avenida Independencia, cruzó algunas calles sin saber bien cuáles y se topó con una vieja hostería llamada Del Mar. Lo atendió una señora de unos cincuenta años, vestida de entrecasa con un pañuelo de gasa rojo en la cabeza, que dejaba entrever unos ruleros color cian. Fue realmente muy amable y comprensiva cuando el joven Mansilla le contó la verdadera historia por la cual estaba en la capital y que no cargaba con mucho dinero. Honestamente abusó un poco de su simpatía, como quien dice, se tiró a menos.

—Pero cuando la encuentres, me la traes para que la conozca —dijo la señora sonriendo, luego de confirmarle un cuartito en el fondo por la mitad de la tarifa. Pagó la noche del sábado y la del domingo por adelantado. Apenas le quedaba algo de plata para el pasaje de vuelta a Mar del Plata.

Acomodó sus escasas pertenencias en la piecita, agarró unos cospeles que tenía metidos en uno de los bolsillos de la mochila, salió en busca de un teléfono público y llamó al Bocha.

—Bocha querido, ¿cómo andás?

—¿Qué mierda hacés llamando a esta hora? —contestó agresivamente con voz de recién levantado—. ¿No ves que estoy durmiendo?

—No, no veo, boludo —se rio.

Adrián Carmona, el Bocha como le decían los amigos, cortó.

Llamó un par de veces más, pero no le atendió el teléfono. Regresó rápidamente a la hostería y, sin comer nada, se acostó a dormir una siesta. Al despertar, le preguntó a la señora por un lugar para comer barato. Ella lo invitó a pasar a la cocina y le convidó a un poco del guiso que estaba preparando. No le gustaban mucho ese tipo de comidas pero no era tiempo de andar con preferencias. Comió sin querella alguna. Gladys era la viuda de un militar, asesinado durante el golpe de Estado de septiembre del treinta que derrocó al presidente Hipólito Yrigoyen y con él a la entereza de la Unión Cívica Radical. Aunque habían pasado más de veinte años, nunca volvió a estar con otro hombre. Por los pasillos se veían fotografías algo deterioradas de algunas vacaciones en Mar del Plata con su marido. Gladys y Ernesto nunca tuvieron hijos. Estuvieron casados desde principios de la década del veinte y, con apenas dos años de noviazgo, decidieron que querían compartir el resto de su vida, a pesar de sus marcadas diferencias ideológicas. Ella era defensora de un nuevo modelo que planeaba instalarse en el mundo: el socialismo, y él era un radical de primer orden. El amor y los sueños duraron hasta la noche del siete de septiembre de 1930 en la que un malviviente le disparó dos tiros por la espalda cuando retornaba a su casa, por el solo hecho de llevar su uniforme con orgullo y decoro. Derrotada por el dolor de perder a su primer y único hombre en la vida, Gladys se exilió al campo durante los dos años que duró la dictadura de Uriburu previo al comienzo de la catalogada Década Infame. Cansada de la soledad del campo que le recordaba cada día a su difunto esposo, dispuso vender sus tierras del kilómetro cuarenta y uno a Pilar, y retornó al viejo chalet de la calle Bolívar, que compartió con Ernesto durante los hermosos nueve años que estuvieron casados, para transformarlo en una hostería y poder así evitar la triste melancolía en la que la hundía el recuerdo.

Tras la abundante cena, Álvaro se fue a duchar. Hacía varios días que venía esquivando el agua. Se aseó con un jabón que le había afanado a un alemán con el que compartía la pieza. Sin escalas intermedias pasó del baño a la cama. Le había pedido a Gladys que, por favor, lo despertara a las ocho porque no quería quedarse dormido por nada del mundo.

El alemán se había emborrachado y roncaba como un condenado. Álvaro le pegaba un almohadonazo cada tanto para que lo dejara dormir, pero el otro seguía como si nada. Prendió la lámpara de la mesita de luz y escribió detrás del *ticket* del café con leche que se había tomado a la mañana: «Cambiar interpretaciones, razonar lo injusto, develar secretos que nunca conocí son conductas tan regulares en mi vida que ya las he convertido en mi realidad. He cambiado las prioridades para alejarme de quien soy». Luego se durmió.

Se imaginó durmiendo entre sus brazos, soñó toda la noche con ella, con su pequeño pedazo de amor, como él le decía. Repasó una y mil veces lo que le diría cuando la encontrara, cómo no pudo olvidarla jamás. Que para él eso era el amor verdadero; brindarse por completo a una persona sin siquiera conocer su nombre. Le tenía miedo al rechazo, a que ella viera una insuficiencia de hazañas o méritos. O que simplemente le dijera que estaba loco.

IV

Indiscreciones

Eran las once de la mañana cuando abrí los ojos. La pequeña Josefina jugaba con los cordones de mis zapatos que estaban tirados en un costado del estudio. Me había quedado dormido al término del capítulo dos. Mi vaso de *brandy* estaba tirado en el piso, milagrosamente intacto. Tenía una resaca espantosa y un olor a cigarrillo que no le gustaría para nada a mi esposa. Me incorporé de un salto y volví a dejarme caer en el sofá.

—Jota, mija, le decís a mamá que me prepare un café —dije en medio de un bostezo.

Sin contestar, bajó corriendo.

Enseguida escuché la escalera rechinar, a paso lento y pesado. Sabía que era Isabel. Presentí lo peor.

—¿A vos te parece? —dijo ofuscada— que tu hija te vea borracho y sucio. Sos grande, por el amor de Dios, Víctor.

No me dejó contestar y prosiguió.

—¿Qué hiciste anoche? ¿Por qué no me contás? —añadió de forma irónica mientras cruzaba los brazos.

—Mi amor…

—Mi amor, las pelotas —interrumpió.

—Me quedé dormido leyendo, no hice nada raro. Me compré un libro, viste, pensé que era el del joven Werther, pero me cagaron. Igual está bueno. Es sobre un…

—¿Terminaste el informe sobre Fujimori que te pidieron los de la revista? —increpó ella, sin darle importancia alguna a lo que le estaba contando.

La miré fingiendo inocencia y me mordí el labio inferior clamando clemencia. Ninguna palabra habría dicho lo que aquel silencio pronunció. Se dio media vuelta, tras una exagerada exhalación de aire y me dejó en el sillón.

—Y el café lo venís a tomar abajo. Vos y yo tenemos que hablar —gritó mientras bajaba.

La charla fue realmente un monólogo de mis indiscreciones. Callé. Me disculpé por lo que ella determinaba que eran mis malas conductas. Prometí mejorar en todos los aspectos. ¿Acaso no es lo que hacemos todos los hombres para mantener matrimonios más longevos?

Tomé el libro del cual me había enamorado la noche anterior y lo llevé a una de mis escolleras preferidas de Bahía Varese. Releí los dos capítulos anteriores y continué.

V

Las penas del Álvaro

Capítulo tercero

—Hola, ¿Mauricio? —interrogó tímidamente.

—El que viste y calza, pendejo —continuó—. ¿Vos sos el pibe que anda buscando al general Argón, no?

—¿General?

—Le decimos así a Claudio, no te preocupes. En un rato viene.

El cuñado le contó que era muy amigo del padre de la chica, que habían ido a la escuela juntos y que todos los sábados a la tarde venía a escuchar los partidos en el puestito. Álvaro le dijo que él era un excompañero de la muchacha y que le había perdido el rastro cuando terminaron la secundaria y que necesitaba ubicarla para pedirle unos libros.

—¿Vos me viste la cara de boludo, no? —dijo riéndose mientras el cigarrillo le bailaba en los labios y la ceniza le caía sobre la camisa.

—No, no.

—A ver, ¿a qué escuela fuiste?

Los planes de Álvaro se demolieron en un segundo, su cara se había trasformado. Pasó de un efusivo entusiasmo a una vergüenza demasiado palpable.

Intentó explicar la situación; esta vez le dijo la verdad, le rogó que no le dijera nada al padre, que lo único que quería era poder hablar con ella, aunque fuera una vez.

—Mira pibe, Claudio es muy cuida con la hija, viste cómo son los padres con las nenas. Emma no es como cualquier chica, es especial. Todos la queremos mucho —dijo casi emocionándose—. Veo que pareces un buen pibe, y que tus intenciones deben ser las de cualquier mocoso enamorado y está bien, pero córtala acá —su tono de voz mutó rápidamente.

—Señor, usted no entiende, lo que pasa es que…

—Volá de acá pibe, antes de que llegue el general y te cague a palos.

No tenía opción, la conversación concluyó de mala manera y no había forma de convencer al diariero. Se tuvo que ir. Cruzó el parque, se sentó en un banco medianamente alejado del puesto, pero aun así mantenía contacto visual con el kiosco. No se iba a dar por vencido tan fácilmente. Iba a esperar a que llegara el viejo, y después lo iba a seguir. Tenía armado todo el plan en su cabeza. Esta era su oportunidad. Se paró y fue a dar una vuelta. Apenas eran las diez de la mañana y los partidos no empezaban hasta las tres. Se maravillaba por el verdor del paisaje, se acostó sobre un viejo árbol alejado del ruido que los pibes hacían con los carritos de rulemanes. Miró al cielo y lo notó más celeste que en Mar del Plata, el sol brillaba pero no quemaba. Sin darse cuenta estaba sonriendo pícaramente nuevamente, se desperezó y susurró suavemente:

—Emma.

VI

Las penas del Álvaro

Capítulo cuarto

La mera posibilidad de que se generara el tan anhelado encuentro le estremecía los músculos de todo el cuerpo. Cualquiera que haya estado enamorado, aunque sea una vez, sabe de las características inaugurales del amor y de las dualidades que conlleva. Uno se desconoce, se siente otro tipo, sonríe sin razón, lleva un pesar en el pecho y otro en la cabeza que no lo deja pensar con claridad. Un sentimiento tan fuerte e inexplicable como el propio desamor. Cuando a uno lo rechazan o su amor no le es correspondido, ni siquiera con una mirada, uno pierde la cabeza y termina culpando a la otra persona por sus propias falencias. Lo triste de estos casos es que el desamor puede ser aún más difícil de olvidar que el más intenso de los amoríos. Uno se resiente, se llena de odio, magnifica los malos momentos y menosprecia los más bellos con el solo propósito de olvidar. Todos sabemos que, aunque lo intentemos, nadie puede asesinar sus sentimientos.

El reloj marcaba las tres de la tarde, Álvaro estaba agazapado tras uno de los árboles más grandes que había encontrado. Miraba por entre las ramas el puesto de diarios, cada persona que pasaba y permanecía, al menos, dos minutos era un potencial Claudio Argón, ya que la lejanía no le permitía observar detalles. «Bájate de ahí, nene, que te vas a lastimar», le dijo una señora que paseaba junto a un mastín americano blanco con un moño violeta forzado en la parte superior de la cabeza. A eso de las cuatro y cinco de la tarde, se acercó un tipo al puestito y se puso a conversar muy verborrágicamente con el quiosquero. Parecían conocerse, al menos sus movimientos corporales señalaban eso. Era ese, estaba seguro de que era ese. Ese era el tipo. Se bajó del árbol, casi se cae, se raspó toda la rodilla. Buscó una perspectiva más cercana donde recluirse. No se quería dejar ver por nada del mundo.

Estuvo atento a cada movimiento por más de tres horas, tenía ganas de ir al baño pero se atormentaba pensando que si se iba capaz lo perdía. A las siete y veinte de esa misma tarde, Argón saludó con un fuerte abrazo a Mauricio y encaró para avenida Brasil. Álvaro se escabulló por entre la gente, cruzó la calle y lo empezó a seguir por enfrente. Mantenía la distancia. Había leído algunas novelas policiales y se creía tan perspicaz como el propio Etchenike. El general parecía apurado, cruzaba en verde, tiraba diagonales, su paso era bastante veloz. Paró un segundo frente a un edificio en la calle Cochabamba, se ató los cordones. Se pasó suavemente la mano por la despoblada cabeza, como quien guarda la costumbre de acomodarse su, ya inexistente, cabellera, y entró.

Se acercó al edificio, leyó en grandes y lustrosas letras góticas: «Clínica privada de salud mental», pensó que el tipo estaba colifa y no se animó a entrar. Cruzó a la otra esquina y esperó un rato a que saliera. Estaba cansado, tenía hambre. Lo único que había comido en todo el día eran unos pochoclos que se le habían caído a un pibe en el parque. No se podía descuidar, sabía que esta era la única oportunidad que tenía, si no tendría que esperar hasta el otro fin de semana y la plata no le daba para tanto. Aparte, cómo le iba explicar a sus padres que fue a ver a River y se quedó una semana. Ni hablar, en el restaurante lo echaban.

A las nueve de la noche salió, saludó con indiferencia a una enfermera que lo había acompañado hasta la vereda. «Saludos a Marquitos», gritó la juvenil empleada en la distancia. El general Argón retomó su camino a paso apurado, pareció no escucharla. Dobló en la esquina siguiente, paró un taxi y se fue en dirección al puente Rivadavia. Álvaro, desesperado, buscó otro taxi con los más elocuentes movimientos de cabeza. No había ninguno. El vehículo que llevaba su única esperanza de encontrar a Emma se estaba perdiendo en la distancia. Quiso llorar. En efecto, unas lágrimas recorrieron tímidamente sus mejillas. Estaba desesperado, golpeó con puño cerrado el piso, pateó un árbol, gritó algo sin sentido. El auto ya se había perdido en la ciudad. Ahora sí, rompió en llanto, su última chance de encontrarla desapareció entre las empedradas calles de San Telmo. Se sentó en el cordón frente a la clínica. Miraba desahuciado el edificio mientras su tristeza se trasformaba en un caudal imparable de lágrimas. Se pasaba bruscamente las mangas de la campera de *jean* gris por la cara. Eran las diez de la noche y el frío de otoño comenzaba a hacerse notar cuando empezó a ver que las enfermeras, ya vestidas de civil, salían del lugar. Una de las chicas se arrimó y le tiró una moneda entre los pies. Álvaro sonrió tímidamente, no pudo evitar mostrar sus dientes y lanzar una pequeña carcajada.

—Tenga, señora —dijo con la moneda entre sus dedos y la cabeza gacha mientras estiraba el brazo en dirección al grupo—. No estoy pidiendo nada.

—¿Y por qué llora entonces, hombre?

—Por amor, señorita, ¿hay acaso algún otro motivo más valedero para derramar algunas lágrimas?

Conmovidas por la sinceridad y elocuencia de su respuesta las tres muchachas se acercaron al joven y triste Mansilla. Le pidieron que les contara sus penas mientras esperaban el colectivo. Al finalizar la resumida historia, las tres se miraron con cara de preocupación pero conmovidas por la propia bajeza de Álvaro al narrar sus pesares amorosos.

—¿Emma Argón?, ¿está seguro? —murmuró una de las muchachas mientras fruncía el ceño.

La volvió a describir, con los pocos recuerdos que lo abordaban de aquel efímero encuentro en el restaurante.

—¿La conocen? —preguntó.

Hubo unos segundos de silencio que le parecieron eternos.

—Mire Álvaro, nosotras la conocemos —dijo una, mientras sus colegas se miraban entre sí—. Emma está internada acá.

—¿Cómo internada? ¿Qué le pasó?

—Ella es autista —continuó su compañera con una palpable tristeza en su tono.

VII

La duda

El resplandor del sol comenzaba a opacarse, el tiempo se había volado entre *Las penas del Álvaro* y la brisa que corría sobre el mar. Faltaban unos meses para el comienzo del verano y aún se podía disfrutar del buen clima en las playas sin la necesidad de cruzarse con un manantial de personas.

Caminé lentamente por la costa, fumando un cigarrillo tras otro, confundí un fuego artificial con una estrella fugaz. Pedí un deseo que nunca logré recordar. Al llegar a casa, la noche ya había caído hacía rato; me sorprendió que desde la vereda se viera la oscuridad del interior. Entré sin hacer mucho ruido, y confirmé lo que supuse: la casona estaba desierta. Prendí algunas luces, fui a la cocina a servirme un vaso de *whisky*, puesto que ya había terminado la botella de *brandy* la noche anterior. Me senté en uno de los sillones bizantinos del comedor frente al ventanal que daba a la calle y vi sobre la mesa una nota.

«Víctor, hoy tenías que pasar a buscar a Josefina por la escuela, llamaron a casa y no había nadie, tuvo que ir mi mamá desde Sierra. Esta fue la gota que rebalsó el vaso. Me voy con la nena a lo de mi hermana, ni se te ocurra aparecer».

No era la primera vez que me olvidaba de ir a buscar a Josefina, pero últimamente venía más distraído que de costumbre. Estaba como perdido, notaba una sensación inexpresable en el pecho. Estaba ecléctico, dispar. En cierto punto, sabía que nuestro matrimonio había terminado hacía tiempo. Había abandonado todos mis sueños de juventud por ella, y ahora estaba peleando contra mis propios demonios, contra todos los sueños abandonados. Era como si atravesara una crisis de mediana edad a los treinta años. Sobrevino la idea de que la mayoría de las relaciones se construyen sobre los cimientos del miedo a la soledad y no sobre los del amor. Esto les sucede a las personas que no se conocen a sí mismas, o peor aún, que se conocen y no se gustan.

Permanecí sentado en el *living* por algunas horas, Dios sabe cuántas, ahogando mis indignaciones en mi único amigo: el alcohol. Me despertó la luz del sol tempranero del amanecer. Tenía el vaso sobre mi regazo y el cenicero estaba tan lleno que había algunas colillas caídas en la alfombra. No sé por qué, pero no sentía tristeza por lo que estaba pasando. Era como si nada importara ya. Subí y me acosté en el estudio. Me quedé dormido sobre algunos papeles.

VIII

Las penas del Álvaro

Capítulo quinto

Había pasado una semana desde que volvió de Capital Federal, y se encontraba nuevamente en el marplatense del sábado al primer turno yendo a Constitución. Una de las enfermeras le anotó su teléfono y desde Mar del Plata pudo confirmar una visita a Emma para el sábado a las cinco de la tarde. El horario de visita era muy breve, apenas los sábados de diecisiete a veintiuna. El padre y su hermano la visitaban religiosamente todos los fines de semana a las veinte, entonces mediante súplicas y falsas disyuntivas pudo coordinar una cita para la primera rueda de visitantes.

Se vistió con su mejor ropa, llevó un pequeño bolso con desodorante, gel y cepillo de dientes para poder asearse en el baño del parque antes del horario de la visita. Estaba muy nervioso pero demasiado arraigado a su noble amor. Ensayó durante las seis horas del viaje en tren lo que iba a decir, cómo se presentaría ante ella. Parecía no importarle en lo más mínimo la condición de la muchacha. Antes de partir, el joven se apoderó de uno de los bancos rocosos. Inspirado en las azules y estrelladas cúpulas de la iglesia ortodoxa rusa, anotó en un trozo de papel, que luego colocaría suavemente en su billetera:

«Ese nerviosismo histriónico que se apodera de nuestro cuerpo, esas cosquillas en los brazos y aquella presión en el pecho son los síntomas propios de un primer encuentro, de un amor inconcluso que quizá nunca termine su ciclo. La eterna mirada en el espejo, el reflejo de lo ajeno, el desliz de lo propio. Preparativos preliminares para una batalla contra uno mismo, donde intentará mostrar lo mejor, ocultar lo peor y fingir la intención. ¿El amor será una propiedad más real en la juventud como la experiencia lo es en la longevidad?».

Tocó la puerta de la clínica dos veces con golpes secos y rígidos. Solía golpear, no confiaba en los timbres.

—Buenas tardes, dígame —enunció el mulato que le abrió la puerta.

—Tengo una cita para ver a Emma Argón a las cinco.

—Sí, sí, me contaron las enfermeras, usted debe ser Álvaro, pase —dijo abriendo la puerta en su totalidad—. El doctor Colella quiere hablar con usted antes de la visita.

La recepción era amplia, bastante oscura y el aire viciado de hospital se podía percibir con facilidad. Se sentó a esperar al doctor con mucha serenidad. Cruzó las piernas, jugaba con sus nudillos, estaba inquieto, notablemente nervioso. Aparentaba ser una clínica de gran nivel. Los minutos trascurrían lentamente en un silencio perturbador. El mulato lo miraba a cada rato pero no le decía nada, parecía estar vigilándolo. A su alrededor había un par de viejas revistas *La Chacra* apiladas sobre una mesita de mimbre. Tomó la primera del montón y se puso a hojear, sin mucha atención, una editorial sobre las consecuencias del Plan Marshall en nuestro país.

—¿Álvaro? —preguntó retóricamente—. Yo soy el doctor Luciano Colella, el médico de Emma. ¿Cómo anda?

—¿Qué tal? —dijo mientras se estrujaban las manos.

—Venga, pase a mi oficina.

El despacho era casi tan grande como la recepción pero mucho más luminoso. Las paredes estaban cubiertas de diplomas encuadrados con marcos color madera barnizados sutilmente. Había un escritorio repleto de papeles y muchas carpetas encimadas, detrás se veía una gran silla de respaldo blanco con bandas negras sobre los costados. A través de la ventana se podía observar unos sauces pelados y la calle cubierta de hojas.

El doctor poseía un porte distinguido y una pulcritud digna de un hombre criado con las más refinadas costumbres. Se le veía sabio pero no distante.

—¿Así que se vino desde Mar del Plata para visitar a Emma?

—Veo que ya le contaron la historia —pronunció modestamente con la cabeza gacha.

—Sí, vio cómo son las mujeres —dijo haciendo una mueca de satisfacción—. Su historia ya es bastante popular aquí.

—Veo.

—Bueno, basta de cháchara —exclamó mientras tomaba asiento y apoyaba los codos sobre el escritorio—. Tome asiento y escúcheme bien lo que le tengo que decir.

—Le escucho.

—Emma es una chica con un grave déficit de desarrollo, posee una falta casi total del lenguaje oral, pero a su vez, sus manifestaciones en conductas de relación no verbal son excelentes para una persona con su diagnóstico —explicó cálidamente—. En pocas palabras, apenas puede balbucear alguna frase aislada. La comunicación que podría llegar a tener con ella, si es que lo logra, va a ser siempre unilateral —tras una breve pausa, continuó—. Suele responder a algunos estímulos visuales pero se estresa con facilidad. Los estudios a los que Emma fue sometida al ingresar en la institución descartaron componentes orgánicos y neurofuncionales comprometidos. Su lenguaje expresivo, casi nulo, denotaba características de índole impulsiva. No se encontraron signos de sordera y su difícil adquisición del lenguaje es mera consecuencia de su diagnóstico aunque no se encuadre dentro de la afasia - disfasia. A diferencia de otros pacientes con similar grado de autismo, ella jamás mostró signos de hiperactividad, ni agresión. Apenas una alergia a la dipirona decora su carpeta de riesgos médicos.

—Yo solo quiero verla un ratito, le prometo que no la voy a agobiar, ni nada, tan solo quiero mirarla a los ojos un ratito. Quiero saber si es ella.

El médico, conmovido por la nobleza del enamorado y la tangible pasión en sus palabras, se dirigió hacia la puerta del despacho.

—Venga, acompáñeme.

Atravesaron un pasillo levemente iluminado por unas tétricas lámparas de pie con pantallas onduladas color arena y desembocaron en un salón colmado de mesas sin un orden aparente.

—Tome asiento y espéreme por aquí, ya vengo —dijo y avanzó con sosiego esquivando sillas hasta una de las puertas laterales.

Pasaron cinco minutos, quizá los cinco minutos más largos de su vida. No podía dejar de pensar en que estaba tan cerca de reencontrarse con la muchacha que le quitó el sueño por cuatro años. Sentía que el pecho se le salía, las manos le transpiraban, se le estremecieron los músculos de las piernas y percibía un cosquilleo molesto en la nariz. No le habían importado lo más mínimo las palabras del doctor. Divagaba por su universo platónico. Sonreía mientras movía los dedos y los golpeaba fina y repetitivamente contra la mesa de mármol gris.

IX

Melancolía

Apenas podía mantenerme despierto. Mis párpados eran vencidos por la pereza, decidí levantarme y prepararme un gran tazón de café negro, ya eran las cuatro de la madrugada. Volví a leer la nota pero siguió sin importarme mucho lo que decía. Mi corazón estaba vacío. Una especie de fe negra me había abordado. Comencé a preguntarme qué iba hacer con esta situación: arrastrarme pidiendo perdón como estaba acostumbrado, para volver a la monótona y penosa existencia que me sucumbía desde hacía casi diez años, o empezar a vivir de otra manera, retomar mi carrera, entusiasmarme con algún proyecto sin sentido, vivir vanas e intensas alegrías.

Una audacia tardía sucumbió mis pensamientos. Hacía años que había perdido el vértigo de lo incierto, de lo desconocido. Mi vida rondaba en la imprudencia de lo seguro.

La humedad hacía al día algo caluroso a pesar de que el cielo se encontrara completamente cubierto de nubes de la más variada gama de grises. No salí en toda la tarde de la casa, quizá inconscientemente esperaba que mi esposa regresara aunque tenía la certeza de que eso no iba a pasar. Sabía que esta vez era definitivo, lo presentía. Igualmente si regresaba y veía el estado en el que me encontraba se iba a marchar nuevamente. Tantos años juntos me habían vampirizado, lo intuía, dependía completamente de ella y no de manera metafórica o romántica sino de la más directa, la real. Era consciente de la oscuridad que me estaba invadiendo, hacía tiempo había dejado que una siniestra apatía ganara territorio en lo profundo de mi esotérico ser. Mis hábitos etílicos se habían trasformado en vicios y mi parisién diario se convirtió en un par de atados. Prácticamente no tenía contacto con otras personas que no fueran mi hija o mi esposa.

No dejaba de preguntarme si acaso era esta la cruz que inconscientemente había elegido cargar.

La luna se dejaba ver por el ventanal de la calle Funes, la totalidad de las luces de la casa estaban apagadas. Apenas una vela encendía el candelabro de porcelana blanca que se apoyaba sobre la mesa formando una escena lúgubre. Permanecí en el sillón del comedor frente a la biblioteca con mi vaso de *whisky*, casi vacío, en la mano. Iluminado por el leve fulgor que entraba por el ventanal, agitaba los hielos en forma circular chocándolos, de manera uniforme, contra las paredes cristalinas del grueso recipiente. Un pensamiento fatal cruzó mi cabeza, debo admitirlo, fue una idea fugaz, momentáneamente lógica, aun así fugaz.

Un viaje interno sucedido en aquel momento, tan efímero e intenso. Refuté mis convicciones y mis accionares en cuestión de segundos. Tal fatalismo me hizo recordar morales olvidadas, conceptos irreales que solían regir mi historia.

Tomé una hoja, ya había trasmutado algunas de las costumbres de Álvaro en propias, y escribí sabiendo que pensar no me iba aliviar: «¿Acaso no somos todos culpables de los crímenes del corazón?». Creí estar citando a otra persona. Rompí el papel con la misma velocidad con la que lo escribí.

Empuñé el vaso de *whisky*, ya sin hielo, y lo arrojé violentamente contra la escalera, golpeó en la baranda y explotó antes de colisionar en la pared. Quebré en llanto. Me invadió una pesadez, notoriamente producida por el exceso de alcohol y la asimilación de los recientes eventos. El proceso ya había comenzado, la irritación del fracaso ante la concesión del dolor era más penosa que el matrimonio fallido en sí mismo. Algunos egos nacen condenados a la soledad.

Sin darme cuenta, me estaba desviando del presente. Tal vez por vergüenza o culpa, vivía entre ficciones literarias y otras producidas por la ingesta desorbitante de alcohol y pastillas.

Mis ojos se habían irritado, mi saliva era más espesa que de costumbre, experimentaba la lenta trasformación del dolor en cólera, en odio y resentimiento. Me puse de pie, tambaleándome, no parecía que mis rodillas fueran a soportar el peso de mi cuerpo. Intenté ir a la cocina a buscar la botella de anís, pero me derrumbé bruscamente sobre la escalera. Mi cabeza chocó fuertemente contra la baranda y caí desvanecido sobre algunos vidrios.

Al cabo de unos minutos me levanté, aún mareado, y con algunos leves cortes en el antebrazo izquierdo. Con las pobres energías que me quedaban, escalé los peldaños de la escalera arrastrando mis pies y me desplomé en la cama matrimonial. La primera vez en cinco años sin mi esposa.

X

Las penas del Álvaro

Capítulo sexto

Corría el año 1956, habían trascurrido tres años, ocho meses y catorce días desde aquel único y primerizo encuentro, una eternidad en tiempos de vertiginosos cambios sociales. El peronismo era perseguido y la Junta Libertadora fusilaba gente con una impunidad alarmante. El país se hundía nuevamente bajo una dictadura militar, esta vez a cargo de Aramburu y la aplicación del Plan Prebisch sustituía las políticas económicas impuestas por Perón.

Álvaro estaba nervioso por demás. Empezaba a transpirar. La colonia Paco que se había puesto cuidadosamente sobre ambos lados del cuello en el baño del parque Lezama parecía evaporarse entre las gotas de sudor que le caían por detrás de las orejas. La camisa polo blanca que llevaba arremangada hasta los codos comenzaba a delatar algunas marcas de amarillento temor.

En el momento en que la vio todo pareció cobrar sentido en su vida, sintió una patada en el corazón como nunca antes había sentido. Ahí estaba ella, vestida con un delantal blanco que le sobrepasaba las rodillas, dando pasos lentos, amarrada al brazo del doctor Colella. Esa sutil caminata es eterna todavía en su recuerdo. Esos rizos rubios que añoraba en sus noches de soledad se encontraban otra vez frente a él, quizá un poco más largos y algo descoloridos a lo que recordaba, pero aún bellos y estructuralmente perfectos.

Sus ojos, en los que se veía reflejado, serían capaces de opacar las maravillas naturales más notables. Su mirada parecía perdida pero presente.

—Emma, él es Álvaro, el muchacho del que te estuve hablando, vino a visitarte desde muy lejos —dijo el médico mientras la ayudaba a acomodarse en la silla frente a él—. Cualquier cosa me llamas, yo voy a estar en la recepción con Hugo, ¿está bien, Emma? —concluyó el doctor mirándola a los ojos—. Los dejo solos un ratito.

Hubo unos minutos de silencio en los que solo se miraron a los ojos, cualquier palabra habría estado de más. Las lágrimas empezaron a rodar por las mejillas de Álvaro, pero su sonrisa se notaba llena de júbilo, se consideraba incapaz de verbalizar emociones. Deslizó su brazo por arriba de la mesa, quiso tomarle la mano. Ella permanecía inmóvil. Con la palma abierta delante de ella y la cabeza algo gacha susurró: «Te estuve buscando por mucho tiempo, Emma, yo te voy a cuidar. Te lo prometo». La voz se le notaba quebrada por la emoción. Ella tan solo lo miraba, no se movía, no decía nada. Álvaro sacó una servilleta del bolsillo y mientras la desdoblaba le dijo: «Escribí esto para vos». Emma pareció esbozar una sonrisa. Cualquier descripción más amplia de aquel inicuo momento profanaría la verdad.

«Muchacha de rizos perfectos y bella mirada, desconozco su nombre y todo lo que a su vida corresponde». Las palabras se resquebrajaban en el instante de salir de su boca, terminó abruptamente, apenas pudo leer el primer renglón.

Se miraron por un tiempo más, ambos inmutables, parecía como si Emma le trasmutara sus síntomas. Un silencio acogedor envolvía la sala hasta que se escuchó el ruido de una puerta que anunciaba el retorno del doctor Colella. Ya eran casi las seis de la tarde.

El doctor levantó a Emma sutilmente y la llevó a su habitación. Álvaro se quedó sentado observando cómo se alejaba. Al regresar conversó un poco sobre lo que había sucedido. «¿El sábado que viene a la misma hora?», consultó el enamorado. El doctorado afirmó con un leve movimiento de cabeza y una mueca de complicidad.

Al salir de la clínica se dirigió al bar Británico frente al parque Lezama, pidió un café con leche con tres medialunas y en una servilleta escribió: «Cuando puedas vivir de acuerdo a lo que sientas y no a lo que pienses, descubrirás lo que realmente es la felicidad». Esta vez no tiró el papel.

XI

Cimas II

Tantas vidas he vivido que morir no sería jamás el fin. El agua sigue retrocediendo junto a tu mirada y tus pies siguen sin poder mojarse.

Qué incipiente la razón incorrecta que nos unió en este remolino que preludia lo imposible. Aun así, fue bello conocerte aunque quizá nunca vuelva a tomar tu mano o sentir tus labios sobre mis mejillas. Tal vez jamás vuelva a sentir tu mirada, ni el desliz de tus cabellos. Igualmente aquel momento es eterno en mí.

Ojos que se encuentran y miradas que se pierden en un mar de desconsuelo y bondad. Hemos sufrido tanto para encontrarnos y aun así estamos destinados a perdernos.

Nos deleitamos en el crimen de nuestros pecados por habernos equivocado de realidad y de excusa. No supimos huir a tiempo porque olvidamos dar cuerda a nuestros corazones. Nos olvidamos de nosotros mismos por un rato. Fuimos amantes desconocidos y primerizos. Fuimos todo y nada. Somos ahora y siempre.

Tantas palabras mudas y sentimientos sordos se abrazaron frente a nosotros. Las propias analogías dejaron caer sus disyuntivas a nuestros pies. Derrumbamos todos nuestros conceptos para poder ser felices y escondernos de las propias convicciones. Pudimos sentir nuestras falencias tan reales que ya no importaban, pudimos abrazarnos tan fuerte que no lo sentimos.

Olvidamos todo para poder recordarlo.

XII

Las penas del Álvaro

Capítulo séptimo

Durante los siguientes nueve meses, Álvaro la visitó religiosamente todos los sábados a las cinco de la tarde. No faltó a ninguna cita. Les contó a sus padres que tenía una novia en Buenos Aires que estudiaba y solo podía verla los fines de semana. Dejó de frecuentar el bar de la calle Corrientes y, paulatinamente, abandonó sus amistades. Al salir del trabajo iba a la biblioteca pública de 25 de Mayo y Catamarca a leer libros referidos al autismo, luego se acostaba a la espera del sábado siguiente. Logró, mediante llorosas suplicas, intercambiar con Mancuello, el único de sus amigos que sabía la verdadera historia, sus francos del domingo por los del sábado.

En un instante cayó en la cuenta de que el amor no es una cuestión de razones, sino que es una incuestionable razón totalmente antidemocrática. Uno se ata a un sentimiento que se le impone quién sabe por qué razones.

Cada vez que la visitaba le llevaba algo para leerle de sus escritos influidos por su amor, generalmente un montón de servilletas y hojas arrancadas de cuadernos *Rivadavia.* Otras veces simplemente le contaba lo que había hecho en la semana, solía exagerar un poco las historias para impresionarla. Una vez, con permiso del doctor, llevó una guitarra y le cantó unas canciones de Leopoldo Federico y Osmar Maderna. Durante esos meses, Emma no le dirigió la palabra ni una sola vez, pero lo miraba con devoción, sabiéndose enamorada. Ambos estaban invadidos por un amor febril sostenido por la candorosa esperanza de poder algún día convertirlo en realidad fuera de las paredes de la institución de salud mental.

Las enfermeras se estremecían al ver entrar al muchacho, siempre tan expectante e inocente. Nadie podía comprender del todo la alegoría de ese amorío platónico. En la víspera del año nuevo del 56, Álvaro visitó a su amada por menos de quince minutos, ya que la cita del padre se había adelantado por los festejos del nuevo año. Ese 31 de diciembre de 1955, Emma lo miró a los ojos, como solía hacer y, sosteniendo la tortuga de peluche que le había obsequiado semanas atrás, dijo como un leve susurro: «Ál… varo». Esas fueron sus primeras palabras desde su fecha de admisión en el verano del 52 o, al menos, las que supo o quiso entender el joven.

El primer fin de semana de 1956, Álvaro abordó, como todos los sábados desde hacía prácticamente un año, el marplatense hacia Capital Federal. Cumplió con su rutina de merendar en el bar de la esquina de Defensa y Brasil sumergiéndose en las lecturas de Richard Yates y George Orwell. Recorrió el barrio de la mano de Gladys y luego se dirigió a paso lento rumbo a la clínica. Llevaba en su morral una extensa carta para leerle a su enamorada y unos chocolates. Tocó la puerta y en un santiamén le abrió Hugo.

—Rajá de acá, dale, rápido.

—¿Qué? —preguntó confundido por el exabrupto.

—Está el padre de Emma y alguien le contó que venís a visitar a la hija. Andate antes de que te agarre.

Se quedó parado con la mirada perdida, inmovilizado por la noticia. Nunca había pensado enfrentar al general Argón. El mulato le dio un ligero empujón en el hombro para que emprendiera marcha. Álvaro volvió a la pensión y le contó lo que había pasado a su amiga. «Espera un ratito, nos tomamos unos mates y vas de vuelta, a ver si ya se fue el viejo», expresó relajada tambaleándose sobre su silla mecedora, restándole importancia a la preocupación del muchacho. Gladys y Álvaro se convirtieron en íntimos. Cada vez que arribaba a la laberíntica capital, sin falta, la iba a visitar, comían juntos, salían a caminar por el barrio y él le contaba sus reflexiones más profundas en cuestiones amorosas. Ella lo trataba como el hijo que nunca tuvo, lo ayudaba en todo lo que podía y, hasta a veces, le metía algo de plata en la mochila sin que él se diera cuenta. Gladys le aconsejaba actuar con prudencia. El Estado Nacional desarrollaba una guerra social sorda de convicciones contra su propio pueblo y cualquiera que actuara fuera de los cánones de la normalidad sería castigado.

A las ocho de la noche, volvió a la clínica con la ilusión intacta de poder verla. Antes de llegar a la entrada, abrió la puerta Carina, una de las enfermeras, y lo contempló con una pena altamente perceptible. «Pasá, andá a ver al doctor, está en su oficina», musitó taciturna.

Transitó, con algo de sosiego, el breve pasillo desde la puerta hasta la oficina, tenía miedo pero no sabía bien a qué. Un mal presentimiento lo albergaba. La clínica se encontraba más silenciosa que de costumbre. Las desalineadas lámparas de pie se encontraban apagadas, y Hugo no se hallaba tras su mostrador como era costumbre.

—Álvaro, ¿cómo andás? Me imaginaba que en cualquier momento ibas a aparecer —pronunció con un tono fraternal, mientras se acercaba a estrecharle la mano—. Pasá, te tengo que contar lo que pasó hoy por la tarde.

El doctor, a pesar de ser un catedrático sobresaliente, era una persona que se hacía entender de manera sencilla; no hablaba jamás en términos técnicos, ni con metáforas difíciles de vislumbrar. Siempre era directo, crudo. Álvaro nunca había comprendido cómo una institución privada de tanto prestigio había aceptado sin peros su pedido de ver a una paciente. Supuso siempre que había una razón que desconocía; a decir verdad no le importaba mucho tampoco. Cuando Colella comenzó a explicarle la situación todas las piezas encajaron en su rompecabezas.

A principios de la década del cincuenta varios estudios referidos al autismo demostraron la escasez de oxitocina en los pacientes. Esta hormona no solo es la controladora de los impulsos sexuales, sino también es conocida como la hormona del amor, es decir, que las personas que sufren autismo carecen de la capacidad de generar vínculos demasiado profundos. Durante investigaciones experimentales llevadas a cabo a mediados de la década del cuarenta se intentaba ocasionar alguna empatía amorosa en los pacientes mediante relaciones ficticias. El doctor, que estaba muy al tanto de los proyectos que se llevaban a cabo en el viejo continente, vio la veta en el amor impetuoso de Álvaro. Sin darse cuenta el enamorado estaba participando en un experimento. El catedrático analizaba cada reacción pre y post visita, tenía un registro exacto de la evolución afectiva y psíquica de Emma. Se cree que la creación de oxitocina en el cerebro reduce los comportamientos repetitivos, que es una de las principales conductas a tratar en niños y jóvenes con autismo. La investigación liderada por la National Autistic Society, con sede en Inglaterra, inyectaba en los pacientes pequeñas dosis de la hormona en cuestión, pero el doctor creyó fervientemente que una relación amorosa pura y real generaría mayores cantidades de la hormona en cuestión y por ende mejores resultados que un compuesto químico.

Álvaro permanecía apacible sentado con su morral sobre el regazo escuchando atentamente. Cuando Colella terminó, Álvaro se levantó levemente de su asiento, pasó una mano por su cabellera acomodando sus cabellos tras la oreja y dijo:

—¿Puedo verla?

El doctor bajó su mirada al piso, tragó saliva y temió continuar. Aun así, procedió con su relato.

—Una de las enfermeras le comentó al padre sobre el misterioso chico que visitaba incansablemente todos los sábados a su hija. Acaso, en busca de conversación o de empatía con el señor, la verdad no sé. Lo único que sé es que Argón entró a patadas a mi despacho, me tomó violentamente del cuello y amenazó con golpearme —bebió un sorbo del vaso de agua que estaba en su escritorio y continuó—. Me encontraba exaltado pero no sorprendido, sabía del riesgo de que el padre se enterara.

—¿Y? ¿Qué pasó? —lo interrumpió mientras se volvía a sentar.

—La van a trasladar.

—¿Cómo?

—La van a llevar a otra institución, Álvaro, perdón, pero es todo lo que sé.

El muchacho se tapó la cara con las palmas de las manos para que el médico no lo viera llorar. La situación era elocuente de por sí, el doctor se acercó y ensayó un abrazo que no funcionó. Álvaro estaba devastado por la noticia.

—¿A dónde la van a llevar? —murmuró.

—No lo sé —contestó sinceramente mientras cerraba la puerta y lo dejaba solo.

Al cabo de cinco minutos, Colella retornó y Álvaro seguía exactamente como lo había dejado. Al oírlo entrar, susurró entre mocos y lágrimas:

—¿Me puedo despedir?

Se miraron por unos segundos, casi compartiendo la tristeza.

—Está con el padre y el hermano en su cuarto, hoy a la noche se la llevan. Lo siento.

Salió cabizbajo de la oficina y, ya resignado, se dirigió lentamente hacia la puerta de salida, levantó sus ojos para ver el cielo gris y sentir la lluvia que lo tocaba pero no lo llegaba a mojar. Se secó las lágrimas con un pañuelo de seda blanco que Gladys le había regalado esa misma tarde. Cruzó la calle y se ocultó tras un viejo pórtico de una pensión que parecía abandonada. Tomó la carta de su bolsillo y en el revés escribió:

«Sentir es sufrir cuando se siente de la misma manera con la que se ama. Lágrimas caen sobre viejos recuerdos empolvados de un corazón averiado. El olvido disuelve las tristezas y el recuerdo exacerba lo que, quizá, nunca fue tan bueno».

Álvaro apretó el papel en su mano con cólera y no pudo evitar lagrimear nuevamente. Volvió a abrir los pliegos y continuó anotando, mientras las gotas seguían cayendo sin escalas sobre el papel.

«Lo justo y lo real, buscar injusticias, echar culpas al resignado destino que se escribió o se escribe sin nuestra autoría. ¿Es justa nuestra suerte? ¿O es la suerte lo que hace a la justicia? Gracias al azar tenemos decisiones y esas decisiones hacen de nuestra vida una ruleta en la que nosotros elegimos nuestra suerte, aunque claro, no lo sabemos».

Se encontraba solo, frustrado consigo mismo, sabía que las expectativas devienen en decepciones aún más fuertes y él había proyectado todo en aquella aventura.

XIII

Cambio

Esa mañana recibí una carta del *Atlántico* intimándonos a abandonar la casa de la calle Funes. Ya había pasado una semana desde que mi esposa me había abandonado. Al comunicarme con el diario me anoticiaron de que Isabel había renunciado a su trabajo y se había vuelto a Buenos Aires. Mi odio se escapaba en forma de llanto. Ella no tenía la plena autoridad para decidir el destino de nuestra pequeña a su parecer. Me sentí traicionado. Nuestro matrimonio había atravesado por innumerables asperezas pero jamás la creí capaz de tal abandono.

Me serví un vaso de vino. Subí a mi estudio esquivando los vidrios que aún permanecían en la escalera, despejé el escritorio en su totalidad, tomé mi lapicera de la suerte, con la que había escrito mis artículos más aclamados y comencé:

> Querida Isabel:
>
> ¿Recuerdas siquiera cuando éramos jóvenes y nos escribíamos cartas y las escondíamos para que el otro se sorprendiera al encontrarlas y aún más al leerlas? Añoro todas las noches volver a ese momento, a ese mágico momento, pero lamentablemente nuestro espectro y entendimiento del amor cambió. Indeseablemente mutó de tal forma que nuestra pasión se marchitó lentamente. Nuestros logros nos alejaron de nuestra esencia. Tu sonrisa encantadora dejó de ser el faro de mi vida y se fue transformando poco a poco en mi cárcel. Todos callamos

algún tipo de tristeza por miedo a la soledad, por eso he silenciado mis angustias, mis frustraciones por años, pero ya no tengo miedo. Idealizamos nuestro amor porque fue ideal pero ha dejado de serlo. Ha dejado de serlo hace demasiado tiempo. Hace una semana has decidido dejarme pero yo te he dejado hace mucho tiempo, ya no me sentía dichoso en tu amor, ni soberano en tu cuerpo. Mi corazón se sentía un extraño junto al tuyo y el único retazo de nuestro amor se podía percibir en nuestra pequeña hija, a la cual nunca le voy a negar su cuidado, ni todo el amor que se merece. Veo el egoísmo en tu decisión pero aún más observo la desesperanza, el desarraigo de un corazón que no siente ni por su esposo, ni por su hija la más mínima empatía. Nunca he sido un profesional en despedidas, ni un sabio en el amor. Por eso tan solo arremeto en esta carta contra todos los sentires que rebalsan mi pecho. Adiós, Isabel, hoy te vas de mi corazón.

VÍCTOR.

Ensalivé el sobre, lo releí por última vez antes de cerrarlo y me encaminé al correo central. En un pequeño pedazo de papel envié lo que en algún momento fue mi vida.

XIV

Las penas del Álvaro

Capítulo octavo

Los días grises inundaban las calles de Mar del Plata y el corazón del pobre Álvaro. Ya había pasado un mes desde su último sábado en la capital. Intentaba en vano cohibir sus sentimientos día a día, pero todos los enamorados saben de la imposibilidad de esta empresa. El recuerdo de su rostro lo invadía a cada momento y la llama de un amor inconcluso lo atormentaba por las noches. Quiso volver a su vieja rutina pero ya nada era igual, cada muchacha que veía era Emma, y cada encuentro era un potencial desencuentro. En el trabajo lo desconocían, ese vivaracho joven que se la pasaba acosando a las meseras se había trasformado en un ente inanimado. Casi ni conversaba con sus compañeros, unas leves ojeras le empezaban a asomar y su característica sonrisa fue desapareciendo poco a poco. Estaba hundido en la más profunda melancolía, en su cabeza resonaba la única palabra que su amada le susurró con tanta frecuencia que en cualquier persona hubiese perdido el sentido. Pero no en Álvaro, él era peregrino fiel a su amor, cualquier recuerdo era un buen recuerdo. Sin siquiera darse cuenta se había entregado a una condena injusta, a un rechazo involuntario. Se creyó merecedor de sus penas y culpable del fatídico desenlace que lo separó de Emma.

Álvaro veía el amor de tantas formas y maneras diferentes que en ocasiones lo confundía con algún otro sentimiento. El pesar de un hechizo cargado en su espalda lo trasformaba en un sonámbulo de su propio desconsuelo.

El Flaco Mancuello, único conocedor de su triste verdad, intentaba consolarlo con chistes pasados de moda y consejos de bolsillo. Era el único que podía arrancarle una sonrisa al desahuciado muchacho.

Los padres, preocupados por la depresión en la que se hundía su hijo, lo llevaron a consultar con varios psiquiatras con la esperanza de que lo medicaran pero la respuesta era siempre la misma: «No hay remedio para los males del corazón». Aun así le prescribían antidepresivos suaves.

Una noche lluviosa de domingo, Cristina, la madre, entró en el cuarto de Álvaro.

—Hijo, teléfono.

El menor de los Mansilla ni siquiera despegó la cabeza de la almohada. Simuló estar dormido.

—Es de Buenos Aires, hijo, una señora que dice que te conoce.

Se levantó con un salto de la cama y arrebató el teléfono con desesperación de entre las manos de su madre.

—Hola, hola —tartamudeó.

—Alvarito, te habla Gladys, ¿cómo andás?

—Mi negra —le dijo afectuosamente como solía llamarla—, qué alegría escucharte.

—Me enteré de lo que pasó, una de las enfermeras vino a verme y me contó todo, ¿estás bien, no? —hubo unos segundos de silencio. Gladys pensó que le había cortado—. Me preocupé porque no supe más nada de vos. No apareciste más.

—¿Y para qué volver? —anunció tristemente—. Si ya se la llevaron y nadie ahí me va a decir a dónde.

—Creo que sé dónde se la llevaron pero no estoy segura.

—¿Cómo que sabés? ¿Quién te dijo? —la interrumpió el joven claramente exaltado.

Esta vez el silencio lo guardó Gladys, no sabía qué responder. Álvaro repitió eufórico la última pregunta.

—Hablé con el doctor Colella, no le dije quién era, ni que te conocía, le comenté que tenía un sobrino con autismo pero que mi familia no podía afrontar el elevado costo de una internación en una institución tan cara como esa. Fue muy amable y me anotó las direcciones de unas clínicas psiquiátricas en la capital que se especializan en el diagnóstico, supongo que Emma debe estar en alguna de esas —hizo una breve pausa y finalizó—. Son tres.

Se le cristalizaron los ojos al escuchar a su amiga, que sin el menor interés personal le había devuelto la esperanza de un fortuito reencuentro con su enamorada.

—Mañana a la mañana salgo para allá, espérame con los mates.

—Dale, te espero pero vos trae las facturas —Gladys sonrió como una adolescente del otro lado del teléfono, extrañaba mucho a Álvaro. Cortó y se fue a acostar, ese día había sido demasiado largo para ella.

XV

Las penas del Álvaro

Capítulo noveno

La historia de cómo Gladys consiguió los nombres de las clínicas no era tan sencilla ni tan inocente como había narrado por teléfono. Esa lluviosa tarde de febrero, la viuda estaba decidida a averiguar, fuera como fuera, el paradero de Emma. Entonces se acercó a la institución de salud mental con un falso discurso, en el cual fingía ser la encargada de un ente regulador del Gobierno de Emilio Bonnecarrere, interventor de la provincia de Buenos Aires. Dispuso de manera casi autoritaria una reunión con el doctor Colella y le pidió dar un vistazo al historial médico de los pacientes para corroborar que todo estaba en orden. El médico, con más temor que convicción, accedió al pedido de la falsa inspectora. Gladys revolvió desprolijamente el archivo hasta encontrar el historial de Emma Argón. Lo abrió e inspeccionó velozmente hasta encontrar el dato que buscaba. «Debido a un expreso pedido de la familia, la paciente fue trasladada al centro médico Uiralez y recibirá tratamiento bajo las órdenes del doctor Ernesto Romero», se leía en la última página detrás de un sello rojo.

El revanchismo antiperonista era temido por todos los militantes, y había llegado a su máximo esplendor con el bombardeo a la plaza de Mayo del junio pasado. Las intimidaciones de Rojas, mano derecha de Aramburu, a los opositores eran violentamente festejadas por la oligarquía local. El doctor Colella, ferviente peronista, se sobresaltaba cada vez que alguna fuerza estatal u organismo público lo interrogaba. Sabía que su prestigio no lo salvaría si descubrían su inclinación política y la veterana tomó esta ventaja a su favor.

Los intrincados hilos que movían a la sociedad hacían del miedo un sentir ya normalizado. Mientras los partidos políticos se reorganizaban, el divorcio volvía a la ilegalidad y desde la clandestinidad se comenzaba a hablar más y más de un fenómeno llamado la Resistencia Peronista.

—Escúcheme muy bien, porque le voy a decir esto una sola vez —anunció autoritariamente mientras corría su sobretodo dejando entrever el mango marrón del revólver 38 Iver Johnson, que solía pertenecer a su marido—. Usted se queda callado, Peroncho, si no quiere que lo denuncie. Acá no pasó nada, ¿me entendió?

—Sí…

—¿Me entendió, carajo? —gritó mientras abrochaba los botones del abrigo—. ¿O quiere que le diga a mis superiores que encontré algunos zurditos escondidos en la clínica?

Gladys se retiró de la institución impunemente feliz, luego de haber corrido un riesgo necesario. Ella no se planteaba problemas metafísicos de ninguna índole, hacía lo que creía correcto sin importarle la imposición del régimen establecido. Vivía a través de Álvaro su propia historia de amor. Estaba totalmente sorprendida por la entrega del joven, de cómo podía amar sin presentir, de los paisajes de pensamiento que creaba en torno a ella, de los ríos de pasión que corrían por sus venas, de esa trágica belleza que lo hacía único.

Más allá del éxito de su desaventura, la viuda optó por no contar la verdad. Prefirió inventar una historia sobre el paradero de Emma, quizá por vergüenza o tal vez en una especie de reaccionario arrepentimiento. El crimen era el mismo aunque la verdad no fuese develada. No quería involucrarlo en esa primera instancia, ya que la segunda parte de su plan lo sumergía bastante profundo en las aguas de la mentira.

Mentir para evitar hacer transitar al otro por la senda del dolor es aún más valorable que la propia verdad. Notoriamente el mentidor ejercita la bondad de manera más pura y real. Su corazón tiende a ser honesto consigo mismo, no así con los demás. Eludir el dolor es también una forma de verdad.

XVI

¿Cuánto hay de malo en un error?

Corría el anteúltimo mes del año 2007, una Buenos Aires enardecida por el arrasante triunfo de Cristina Fernández de Kirchner volvía a acoger a Isabel y a la pequeña Josefina. La vuelta al apartamento de la calle Brandsen al 3000 en el porteño barrio de Barracas había sido más nostálgica de lo que suponía. Cada empolvado mueble, cada rincón le recordaba a su abandonado esposo. Explicarle a su hija la huida fue algo por lo que ningún padre debería transitar jamás. Creyó perder para siempre el resplandor de sus ojos. Tenía la certeza de que Víctor había sido desalojado y no tenía noticia alguna más allá de la carta que recibió esa mañana por debajo de su puerta. A la que consideró apropiado responder.

> Para Víctor:
>
> Esta carta la esconderé y seguramente nunca la encuentres porque quizá nunca la busques. Echar culpas podría ser lo más fácil de hacer, también podría conjugar un sinfín de preguntas sin respuesta y deplorar volver el tiempo atrás pero no lo haré. Como tú has dicho, es la infausta maduración la que ya dictó nuestra sentencia. Perdimos la inocencia con la misma inconsciencia con la que nos enamoramos. Mi prosa se contagia de la tuya en cada renglón, como mi vida se apegó a la tuya en cada momento. En esta especie de cadáver exquisito de despedida sobrarán los sentimientos y escasearán las palabras sobre mis indescriptibles sentires. Ante todo, jamás le negaría a nuestra hija la oportunidad

de ver a su padre, pero dime tú, Víctor, que siempre has sido un experto de la mentira, ¿cómo le explico que su papá es un borracho, un trastornado que no piensa más que en sí mismo?, ¿cómo le describo las noches que te tuve que arrastrar por la escalera hasta la cama para que ella no te viera sumergido en un charco de vómito?

Tal vez mentirnos a nosotros mismos fue nuestra única verdad, la salida más fácil, lo único realmente verdadero de nuestra relación. Hace tiempo siento un abandono inmerecido propio de un misógino despechado.

Lo intenté, créeme, realmente lo intenté, volteé mi cabeza para no ver, tapé mis oídos para no escuchar ya que, por más que apuñalara mi corazón, no iba a dejar de sentir. Mi único consuelo es tan solo saber que el dolor es un preparativo para el amor. Y confía, oh Dios mío, mi querido Víctor, confía en que este dolor es aún más grande del que tú, algún día, puedas imaginar.

Tengo la certeza de que jamás volveré a sentir como antes de que este amor me desgraciara. Quizá nunca más pueda disfrutar de los ocios del corazón.

La vida ya no era tal junto a ti, mi querido Víctor. Eventualmente aprenderemos a desconocernos, casi con la misma naturalidad con la que comenzamos a amarnos. No es tu culpa, ni tampoco la mía, escribimos nuestra historia fuera de tiempo y en un léxico que desconocíamos. Por eso te perdono, aunque jamás lo sepas, yo te perdono y espero que en tu triste nostalgia también puedas perdonarme.

Tu antes querida, Isabel.

Cerró el sobre, lo besó como tantas veces leyó en sus novelas románticas y lo escondió en un libro para nunca más volver a encontrarlo.

XVII

Las penas del Álvaro

Capítulo décimo

Ser mujer y socialista en 1932 no era algo común, ni siquiera tolerable, pero los dioses no definen nuestros pensamientos, somos, pese a quien le pese, nosotros mismos quienes lo hacemos. Gladys, tras dejar atrás el luto por el asesinato de su marido, volcó su vida, o al menos lo que quedaba de ella, en la militancia. En la Navidad de ese año, rompió el estado de sitio y fue detenida por *desacato a la autoridad*. En aquel calabozo de la comisaria dieciséis de Ramos Mejía conoció a Augusto Casey, un enfático defensor de las doctrinas trotskistas que, a través de su sínico convencimiento, la introdujo en las entrañas del Partido Socialista. Augusto era hijo de uno de los socios fundadores de Jockey Club, su infancia trascurrió en gran parte en las veredas de la sede social de la calle Florida, allí fue donde se le promovió la distinción de clase y la marginación a la mujer. El falso moralismo de su padre y la actitud permisiva y pasiva de su madre lo llevaron a involucrase de muy joven en la política. Entusiasmado por las impactes noticias que llegaban de la Rusia leninista, comenzó a militar en el Partido Socialista de Buenos Aires. Poco a poco se sumergió de lleno en la vida militante, el marxismo le mostró una visión más contemplativa de la realidad. Enajenado por sus ideales, abandonó el hogar materno un quince de mayo en busca de una independencia menos discursiva. Por ese entonces la ciudad se había convertido en un espacio intolerable para la protesta social, las represiones eran moneda corriente y cada vez cargaban más y más muertos.

A raíz del asesinato de su esposo, el odio de Gladys hacia las instituciones gubernamentales, de las que nunca estuvo del todo de acuerdo, creció desmesuradamente. A través de su petulancia filosófica y su vocabulario de grueso calibre adquirido en los monasterios locales en los que se crio, solía involucrarse en discusiones demasiado peligrosas para su época y género. Su amistad con Augusto crecía día a día y solían encabezar juntos las reuniones de círculo de su regional.

La melancolía puede ser dividida en varios eslabones, pero ninguno de ellos podría describir la crisis interna en la que Gladys se sumergía cada vez que cerraba los ojos e imaginaba a su esposo vistiendo el uniforme contra el cual ahora peleaba. Imaginaba a su esposo reprimiendo a las clases bajas, abusando de su poder, lo veía como cualquier otro militar. Abusivo y corrupto. Esas sensaciones infranqueables que abordan las contradicciones de una vida en jaque eran las que fortalecían su lucha.

Gracias a un cúmulo de desaciertos en una de las huelgas obligadas de 1931, Gladys protagonizó un infortunado accidente en el que Augusto, junto a dos de sus compañeros, perdería la vida y ella dejaría la militancia activa para siempre. No más *clase contra clase* para ella. Pero eso sería tan solo otra arista del verdadero problema, perseguida por el Estado, decidió mudarse al campo y vivir en el exilio. Se hacía llamar Marcela y mentía desordenadamente sobre su pasado, solía decir que su padre era un aristócrata y que de él había heredado el gusto por la vida campestre. El paso del tiempo en soledad le produjo trastornos exuberantes para su época. Primero comenzó a dilucidarse como una diferente persona y luego a convivir con diferentes personalidades. Un médico rural le había diagnosticado una especie de esquizofrenia prematura. Le dijo que con la medicación correcta los brotes iban a desaparecer con el tiempo pero ella se negó rotundamente a ir a la ciudad a realizarse un análisis más profundo. A fines de 1932, mientras Gladys se trasformaba en una experta en el labrado de la tierra y en los cuidados de las vacas y gallinas del lugar, el intento militar de una sublevación masiva y el derrocamiento del presidente Agustín Justo, encabezado por el coronel Cattáneo y el mayor Lascano, fracasaba y la persecución al radicalismo aumentaba de sobremanera produciendo tantos exilios como asesinatos.

Todos los fines de semana, Ayelen Prias, la hija de un matrimonio vecino, la ayudaba en el aseo y el mantenimiento. Poco a poco se convirtieron en amigas inseparables y las visitas a la finca pasaron de un par de días a la semana a varias horas diarias. Con ella fumó su primer cigarrillo de marihuana y compartió las infidencias más dolorosas de la muerte de su esposo. Ayelen vivía con su madre y sus abuelos, dueños de una cantidad exagerada de hectáreas en la zona oeste de la provincia, en un entorno demasiado conservador. Ella no había conocido a su padre, ya que previo al casamiento con su madre fue encontrado acuchillado en las puertas de un bar. Recluida la mayoría del día en su casa, su único pasatiempo era fumar la marihuana que conseguía en sus escapadas clandestinas a la ciudad. Con la excusa de una prestación laboral, escapaba con su nueva amiga a emborracharse a bares sucios atestados de peones y capataces locales, que no las dejaban pasar desapercibidas. La joven viuda solía usar camisetas apretadas que le marcaban sus exuberantes senos, pantalones ceñidos de tiro alto que le sobresaltaban los muslos y un pañuelo rojo que le sostenía el cabello sobre los hombros. Su amiga, en cambio, vestía más acorde a las mujeres de la época, siempre con polleras ajustadas a la cadera que le bordeaban las pantorrillas o vestidos floreados, con mangas angostas que apenas permitían ver algo de piel.

Mientras los síntomas de Gladys se agravaban con el paso del tiempo, su vecina contraía un matrimonio arreglado con Carlos Mendoza, hijo de uno de los estancieros más importantes del país. El nuevo marido de Ayelen era poco más que un déspota, un retrato mediocre de su padre. Como todo hijo de la burguesía, tenía una mirada pedante sobre los trabajadores del campo y por ende de su vecina, la viuda pobre de la finca continua. Le tenía absolutamente prohibido juntarse con «esa lesbiana de mierda», solía decirle. Todos los sábados Mario junto con sus amigos, los jóvenes más pudientes de la alta sociedad rural, incursionaban en la ciudad en busca de satisfacer sus más bajos instintos. Bajo ninguna circunstancia olvidaba cerrar con candado la pieza matrimonial en la cual dormía su esposa. Algunas noches, mediante cuerdas que supo esconder en el armario, escapaba a los brazos de su vecina, la única que oía sus lamentos. Le hizo prometer a Gladys que huirían juntas, que abandonarían esas tierras fértiles en machismo y se lanzarían a la aventura de conocer las costas de Ecuador y las selvas amazónicas. Sonriendo soñaban con un futuro que sabían no iban a poder cumplir.

Hasta que un día no aguantó más y, cuando los últimos rayos de sol desaparecían sobre la sierra, la encontraron ahorcada en el establo donde solía escabullirse a fumar. En su bolsillo había una carta dirigida a su única amiga.

Gladys no pudo asistir al velatorio de su amiga, porque según la familia ella la había inducido al suicidio.

XVII

Las penas del Álvaro

Capítulo décimo primero

«Ya nadie busca respuestas en la afligida lluvia de domingo, ¿será que allí se encuentran las respuestas que no queremos escuchar? Todos nuestros paradigmas nacieron para morir sin resolverse. Disparates breves son acaso el ocaso de lo majestuoso de nuestro ser. La lógica, en sí misma, es la condena a lo vulgar. Los sueños descalzos son los únicos que se cumplen».

Escribió en su cuaderno, apoyándolo sobre el respaldo trasero de uno de los asientos del tren que lo llevaba de vuelta a la capital. Era más una declaración de principios que una simple metáfora. A pesar de no saber lo que le esperaba al llegar, se apreciaba enérgico. Nuevamente esperanzado. Ya no se sospechaba a punto de saltar desde la roca de Leucade, esa mitológica cima donde los enamorados rechazados se arrojaban al mar a morir o para sobrevivir e ir en busca de un amor que ya los había rechazado. Volvía lentamente a ser ese joven que vio morir hacía meses, creyendo que el único regreso es hacia delante.

—Llegamos, pibe —le dijo un señor que se dirigía hacia la puerta mientras lo despertaba sacudiéndole el hombro.

Luego de una serie de desperezos y algunos bostezos, birló su bolso de abajo de la butaca y atravesó la puerta C del histórico marplatense. Allí, parada en la estación, estaba esperándolo Gladys, con su clásico pañuelo rojo en la cabeza y un vestido floreado algo desgastado. Un abrazo emotivo, como quien se reencuentra con un hijo tras la guerra, unió sus torsos y entrelazó sus brazos por más de un minuto. La viuda lloró pero perspicazmente limpió sus lágrimas en la campera del joven, sin que este se diera cuenta. Lo había extrañado más de lo que pensaba.

Con sus manos acariciando el rostro de Álvaro, lo observó tiernamente. Regresó un sentimiento primerizo de maternidad.

—Veni, vamos a la pensión que voy a preparar el guiso ese que tanto te gusta.

—Dale, mi negrita —respondió el muchacho con una gigantesca sonrisa en su boca en la cual lucía su descuidada ortodoncia y un agresivo mal aliento producto de su breve sueño en el tren.

Tras el almuerzo, Gladys le comentó que ya había averiguado telefónicamente y que tenía la certeza de que Emma se encontraba en el centro médico Uiralez en la Chacarita y se podía ir de visita todos los días de dieciséis a veinte horas.

—Hablé con un tal doctor Romero —comentó al pasar la viuda—, le expliqué que mi sobrino poseía un grado no muy elevado de retraso mental, y que debido al cuidado que requería no podía seguir teniéndolo en la casa.

Álvaro la miraba entrecerrando los ojos y levantando las cejas. No la había escuchado nunca hablar de algún otro familiar que no fuera su marido difunto.

—El sobrino sos vos, boludo —le gritó al verle la cara de confusión.

El joven Mansilla no puedo evitar reírse, nunca una señora mayor le había dicho así.

—En un rato nos tomamos el tren y vamos para la Chacarita, supongo que al leer tanto sobre el autismo podrás actuar un poquito, ¿no? —continuó soslayadamente—. Te quedás calladito, y nos fijamos si está Emma, ¿te parece? —finalizó mostrando una evidente felicidad por la ideología del plan.

—Sí, creo que sí —precisó titubeando Álvaro.

Durante el viaje Gladys estaba ansiosa por la aventura que emprendían. Pero el joven marplatense denotaba nervios a kilómetros de distancia. Le transpiraban las manos, se movía de un lado al otro, miraba por la ventanilla, ojeaba el reloj Casio que le regaló su madre en su último cumpleaños. No se quedaba quieto.

Caminaron por Corrientes, doblaron unas cuadras y sin darse cuenta levantaron la cabeza y percibieron una vieja casona bastante deteriorada en la que coincidía el número que tenían anotado en el papel.

—Es acá —ya eran casi las cinco.

Se miraron, ninguno dijo nada y emprendieron a la par el sendero de baldosas rosadas hacia la puerta.

Tras tocar el timbre esperaron unos segundos para que una enfermera de pelo corto, ondulado y no más de un metro cincuenta de estatura, les abriera la puerta y los invitara a pasar.

Un manto lúgubre rodeaba el aura de la clínica. La joven se había retirado y estaban solos frente a un escritorio que hacía las veces de recepción. Gladys consideraba apropiado aguardar en silencio. Les era imposible no notar la humedad en las paredes, el descascarado techo y la precaria arquitectura del lugar. Se oían gritos escandalizantes, golpes y forcejeos, el rechine de las puertas y el estruendo de las sillas al caer contra el suelo.

Álvaro sintió una puntada en el estómago con solo imaginarse que Emma podría estar viviendo en ese horrible lugar.

Cinco minutos trascurrieron en la plenitud de un silencio incómodo donde las conjeturas de ambos se dirigían hacia la misma dirección.

—Hola, ¿qué tal?, soy el doctor Romero. Usted debe ser Gladys, supongo.

—Encantada, doctor —dijo mientras le besaba la mejilla.

—Y él debe ser el pequeño Alberto —continuó el médico mientras le apoyaba la mano en la cabeza a Álvaro—. Pasen por mi oficina, así conversamos un poco y después recorremos la institución.

—¿Alberto? —preguntó el joven para sí mismo.

En el breve camino al despacho del doctorado, Álvaro tropezó con un cable y cayó estruendosamente al piso. Le costó mucho no putear, sabía que se tenía que apegar al papel, apenas murmuró algunas palabras sin sentido que nadie escuchó. La viuda pensó que era parte de su interpretación, lo ayudó suavemente a levantarse y luego le pasó un pañuelo por la cara.

Ernesto Romero era un hombre de porte imponente, pelo corto, castaño e imperceptiblemente ondulado. Con apenas treinta y cinco años ostentaba un prestigio digno del alarde y una ética que era capaz de ensombrecer a cualquiera. Gracias a familiares en el Gobierno, a temprana edad ya era responsable de la clínica psiquiátrica Bernal en Berazategui. Luego de algunos años fue trasladado a la capital como encargado general del centro médico Uiralez. Siempre fue menospreciado por sus colegas debido a la facilidad con la que había obtenido sus trabajos.

—Tomen asiento—ordenó amablemente mientras corría el respaldo de las sillas hacia atrás.

Álvaro miraba fijamente el piso de alfombra, apenas observó al doctor mientras hablaba.

—En este momento estamos con cupo completo, pero debido a su insistencia, tal vez podamos hacer un lugar para Alberto. Pese a que el edificio esté un poco venido abajo, los servicios que brindamos son de primer nivel. Nunca le va a faltar el cuidado a su sobrino, señora, despreocúpese de eso.

Tras un breve e innecesario cuestionario por parte de Gladys, el doctor se levantó de su silla y se adelantó sobre ellos para guiarlos por el resto de la institución. Atravesaron el salón comedor, observaron algunas de las habitaciones desiertas, inspeccionaron detalladamente el despacho donde se brindaban las terapias, para por último llegar a la sala de visitas.

—Estamos justo en el horario de visitas, así que le damos un vistazo rápido al salón para no molestar a los familiares ni a los pacientes, ¿les parece? —interpeló tácitamente Romero.

Con un leve empujón abrió una puerta blanca de dos hojas con un vidrio esmerilado en el centro que evitaba ver lo que sucedía adentro. Álvaro alzó la cabeza por primera vez desde que habían ingresado a la clínica y tomó la mano a Gladys, como un niño en busca de protección.

La primera imagen que divisó fue la de una sala semivacía donde algunas personas deambulaban a la espera de algún visitante. Ya casi al borde de la resignación, en un costado en el vértice que unía la ventana con vista a la calle Corrientes con el lateral de la pared, la vio. Era ella, Emma.

La viuda también la vio, aunque era la primera vez que depositaba sus ojos en ella, coincidía con los detallados relatos del enamorado. Hizo un comentario frívolo al doctor sobre los servicios clínicos y le pidió amablemente tomar asiento, excusándose en su edad.

Tan cerca y tan fuera de su alcance. Deseó abrazarla pero no podía ni siquiera acercarse. Sobrevivió al anhelo de aproximarse gracias a su propio rigor y a la tenaz mano de Gladys que lo apretaba cada vez con más fuerza.

Acompañada de su padre y su hermano Marcos, se veía tan bella como la soñaba cada noche. Su vestimenta había variado, ahora lucía un ambo verde manzana que la confundía con una enfermera. La mirada de Emma, pese al diálogo del general Argón, no se alejaba de la ventana. Como quien se encierra en el ayer y ve el porvenir solo en el pasado. Marcos se paró e improvisó un abrazo, tan forzado y unilateral como la conversación. Álvaro no los dejaba de observar, no sin una pizca de celos, se sospechaba genuflexo ante la situación.

Un enfermero se acercó a la mesa y, tomándola por debajo de los hombros, ayudó a la joven a ponerse de pie. En ese instante Álvaro se levantó inmediatamente de manera sorpresiva, soltó la mano de Gladys y pateó violentamente una silla contra la puerta, rompiendo uno de los esmerilados. Todos en la sala voltearon a mirar, incluso Emma. Ahí fue cuando se produjo el primer contacto visual en dos meses. Fue eterno, la noción del tiempo desapareció de una manera tan real, quizá duró diez segundos, tal vez una vida.

Ella sonrió ampliamente, él dejó ver sus dientes apretados tras los labios entreabiertos intentando que el corazón no le saliera por la boca. Fueron felices, dignos en el sufrimiento y arrebatados al olvido en el instante en que sus ojos chocaron. Los murmullos de los residentes no parecían escucharse. Todo era tan lento. Tristemente circunstancial como un sueño que jamás alcanzaría su éxtasis.

Esquivando los vidrios el doctor Romero apuró la salida de Gladys y Álvaro. Les pidió amablemente que lo esperasen en su despacho mientras ayudaba a calmar a algunos pacientes alborotados por el estruendo.

XVIII

Entidad

Tomé algo de ropa, llené una gran maleta de viaje con algunos de mis libros, mi cepillo de dientes, todas las botellas a medio llenar de cualquier licor que encontré en mi camino y abandoné la casa de la calle Funes, sin siquiera voltear, con la mayoría de mis pertenencias todavía en su interior.

Necesitaba contemplar el mar, ahogar mis sentimientos en la vista de lo infinito, en la cortesía de lo ajeno. Firmé, solo, pensativo. A pesar de mi pésima situación, mi cabeza no dejaba de rondar más allá de *Las penas del Álvaro*, releía capítulos constantemente, interpretaba metáforas y alegorías desde distintas perspectivas, especulaba sobre desenlaces y encuentros. Buscaba encontrarle aristas secretas y establecer nexos con mi vida. Sabía que la verdad estaba frente a mí, más precisamente en la maleta a mi izquierda, pero no deseaba apurar mi lectura, ya que en mi desmoronada realidad era lo único de lo que me sujetaba.

No tenía amigos, ni familiares en la ciudad, lo único que me ataba era el resplandeciente océano Atlántico. Supuse razones para quedarme y aplacé cuestiones para no volver a la capital. Encontré una pensión de mala muerte en la zona de La Perla, por la calle 3 de Febrero, cerca de la avenida Independencia. A tan solo un puñado de cuadras de donde Álvaro trabajó en su juventud y contempló por primera vez el objeto de su obsesión. Dejé las maletas en la pieza diecisiete de un oscuro segundo piso que chorreaba suciedad por las paredes. La cama, fuera de lo esperado, era lo suficientemente confortante más allá de que algunos resortes sobresalían en el vértice inferior izquierdo. Era, sin duda, merecedor de la precariedad.

Me predispuse a encarar el capítulo décimo primero, ansioso por saber qué sucedió tras el reencuentro de los amantes del corazón. Miré el humedecido techo, bajo la escasa luz que la lámpara colgante brindaba, apoyé el libro abierto de par en par sobre mi pecho y suspiré de manera profunda y vital. Intenté pensar como un enamorado, absorbí un personaje para razonar de otra manera mi presente. Presentía una inmunidad hacia la muerte y mis pensamientos recurrían al manejo ético del olvido. Tomé un bolígrafo de mi maleta y grabé sobre la pared detrás de mi cama:

«Existen las palabras adecuadas para describir el amor pero la imposibilidad de recurrir a las indicadas en el momento correcto hace al mito de su inexistencia».

Una bella reflexión escondida entre pintadas políticas y promesas de amores de verano que adornaban el cuarto.

El sol irrumpió en la habitación temprano al amanecer, y el molesto cantar de unos pájaros sobre la ventana me obligó a levantarme. Seguía vestido tal cual me había desplomado en la cama la noche anterior, los zapatos de goma negra aún sobre mis pies y *Las penas del Álvaro* escondido tras unas sábanas en el piso. Tomé algo de plata de la valija y caminé lentamente por el pasillo. Bajo mis pies crujía el piso de madera gastada y me dirigí a desayunar al famoso bar de la calle Corrientes al cual Álvaro solía frecuentar en su adolescencia.

Un día de verano en pleno otoño, trajo de vuelta mi sonrisa aquella mueca perdida en los años. Reí al ver el restaurante de don Emilio, que estaba cerrado, e imaginé la mágica escena transcurrir. Una vez más, supuse a Emma sentada contra la ventana mirando a la nada o, tal vez, al todo. Me parecía ver a Álvaro colgado de la barra mirándola de forma delicada como quien observa un recuerdo. Me emocioné, prometí volver en unas horas, aún más feliz, continué mi ruta hacia el bar.

Con vertiginoso nerviosismo, puse mi pie derecho sobre la primera baldosa del bar de la calle Corrientes al 1500. Creí estar siendo audaz. Me consideraba dentro de la ficción, parte de la historia. Le pedí un cortado a un mozo que me resultaba extrañamente familiar, y dispuse toda mi atención al aplazado capítulo décimo segundo.

XIX

Cimas III

Sublime el momento de la verdad, de esa honestidad forzada y momentánea. El hermoso instante de la despedida, del sollozo final.

El quiebre inseguro pero necesario. El descontrol de la mentira.

Allá, cuando desaparecían tus pisadas, mi corazón dejó de latir. Abandonó en cada instante el sentimiento.

Miraba a la nada para encontrar la noche. Escribí las palabras para olvidar los momentos.

Adiós, patrona de mi alma, euforia de mi ser, te vas en aquella calle, yendo sola hacia la noche.

Quiebres y expiraciones. Las mismas analogías del final. La desolada oscuridad, la transparente luz y el sonido sordo del cierre de la puerta que retumba en la soledad de mi pecho. Aquel humo negro del que me hablabas, aquella isla desierta en la que soñabas despertar, aquella mentira de la que querías vivir se desvanecieron en la ráfaga de aquella esquina.

Dame algo para olvidarte, si es que importa de algún modo borrar el recuerdo.

Si tuviera que repetirlo todo, lo haría de la misma manera. Chocaría de aquella forma y me enamoraría sin presentir la inminencia del final. ¿Acaso hay alguna otra manera de volar?

Volemos juntos una vez más, sin temor a estrellarnos, sin miedo a caer. Sin saber que ya hemos aterrizado hace mucho tiempo.

XX

Las penas del Álvaro

Capítulo décimo segundo

—Intérname —dijo firmemente Álvaro mientras caminaban hacia la salida a paso rápido.

—¿Qué? —preguntó descolocada la viuda apenas girando la cabeza.

—Intérname acá —exclamó apretándole la mano—, sería loco si no lo hiciera.

Gladys lo observó desentendiéndose, no encontró palabras, siguieron ligero, salieron del edificio y doblaron en la esquina. Álvaro la sujetó de los hombros violentamente y apoyándola contra la pared de ladrillos sin revocar. La miró fijo, sus rasgos faciales se distorsionaron.

—Intérname, Gladys —suplicó casi al borde del llanto—. Mis días no son felices sin su mirada. Es ella lo único genuino en mi vida.

—Pero, Alvarito…

—No hay peros, ni razones, tan solo hay amor, es todo lo que tengo, por favor, Gladys, por favor, no me lo quites —concluyó el joven mientras comenzaban a brotar las lágrimas de sus ojos.

Se apreciaba un auténtico dolor en su habla. La tristeza era apenas una tangente entre tantas otras penas. Lo abrazó intentando consolar su duelo, sabiendo que era imposible. Álvaro la apretó con toda su fuerza, temblaba como un niño recién salido del agua.

—Gracias por todo, te quiero mucho.

Era la viuda ahora la que no pudo evitar el desconsuelo, desde la muerte de su marido y Ayelen que no se advertía tan emocional. Creyó no tener opción. Álvaro tomó una decisión y por nada del mundo se la iba a sacar de la cabeza, no tenía otra alternativa que ayudarlo.

En las casi dos horas de camino de vuelta a la pensión no cruzaron palabra. No había mucho que decir tampoco, cualquier opinión por parte de ella iba a ser refutada y cualquier sugerencia rechazada. Álvaro se veía resplandeciente, decidido. Al llegar, el joven se encerró en el baño para tomar una ducha mientras Gladys, tan apabullada como abrumada, fue a la cocina a descargar su energía contra algunas verduras. El caer de la noche hizo reflexionar a la viuda sobre la disyuntiva e irrumpió, algo entonada por el licor de dulce de leche que unos inquilinos le habían convidado, en la piecita del fondo.

—Te vas a morir si te meto en ese lugar —sollozó Gladys desde la puerta ante la inminente oscuridad del cuarto.

—Quizá ya esté muerto, pero todavía no lo sé, tendré que averiguarlo —contestó inmediatamente.

—Álvaro, esto es en serio, basta.

—Es en serio, el amor es en serio —replicó.

—Córtala —gritó vigorosa—. ¿Qué le vas decir a tu familia? ¿Y a tu madre? ¿Qué le vas a inventar?, pobre señora —hizo una pausa para luego continuar algo más calmada—, le vas a romper el corazón, Alvarito, razoná un poco, te lo pido por favor.

—¿Y qué te pensás? ¿Que no le rompería el corazón a Emma si desapareciera? Como si no me importara ella. Vos la viste cuando se dio cuenta de que estaba ahí, ¿no? La sonrisa, el aura, decime que la viste. ¿La viste? —volvió a repetir enérgicamente, mientras levantaba la espalda de la cama.

Gladys cerró de un portazo, su última esperanza de convencimiento acababa de fenecer. El joven estaba porfiado de su elección.

XXI

Las penas del Álvaro

Capítulo décimo tercero

El Flaco Mancuello, personaje de una singularidad admirable, no se destacaba por ser un confidente de esos que no abren la boca por nada del mundo, es más, cuando se le mojaba un poco el pico contaba exacerbadamente esos secretos que prometió defender a rajatabla. Pero con la historia de Álvaro la cosa fue diferente, no solo porque el joven lo tenía amenazado con que si decía algo le iba a contar a don Emilio, dueño del restaurante, que se venía afanando las propinas de los otros mozos, sino también porque le producía una ternura algo fraternal. El menor de los Mansilla siempre le compartía sus anécdotas de fin de semana y a Mancuello francamente le encantaba, ya que revivía un poco a través de sus historias. Todos los martes después de trabajar se iban al bar de la calle Corrientes a jugar unos trucos contra los mozos del hotel Sindical de la calle 3 de Febrero. Eran una dupla explosiva, eso sí, el Flaco era un mentiroso de esos que no sabían mentir, apenas se las veía difícil empezaba a cantar la falta envido con veinticinco o el vale cuatro con un seis. Ya todos le habían sacado la ficha. Era habitual que esas partidas terminaran de mala manera. Álvaro siempre recordaba la vez que el Flaco, caliente por la dura derrota en la última mano, se excusó de ir al baño para tomar una botella vacía de la mesa contigua y partirla violentamente contra la cabeza de su oponente al grito de «ahí tenés las 33, viejo pelotudo». Entre cinco empleados tuvieron que sacarlo del boliche. Estaba fuera de sí. Desde ese día les prohibieron la entrada después de las once de la noche. O la vez que fueron a un restobar en pleno microcentro marplatense a ver el desempate del campeonato del 51 entre Racing y Banfield. Luego de la victoria académica por uno a cero en cancha de San Lorenzo, el Flaco caminó de rodillas hacia la puerta y ya sobre la vereda, mirando al cielo, exclamó mientras empuñaba su camiseta:

—Gracias, Dios, gracias por tanto, perdón por tan… —volvió la mirada hacia Álvaro que lo observaba desde adentro del bar y culminó— bueno, perdón nomás.

El Flaco se mantuvo estrictamente soltero toda su vida, creía que las relaciones eran un libro lleno de contradicciones en el cual la gente prefería creer más por mandato social que por decisión personal. Algo así como la Biblia.

Muchas veces, en las calurosas noches de verano, tras terminar su turno, salían a caminar por la costa, a tomarse algunos vinos que se llevaban a escondidas de la bodega. Pese a los veinte años de diferencia parecían amigos del secundario, siempre entre empujones y risotadas.

Fue a él al único que le contó su verdad y sus planes a seguir. En una tarde gris de domingo de abril del 57, Álvaro lo llamó a la casa y le pidió encontrarse en la plaza España a las tres de la tarde. El Flaco llegó puntual, engominado hacia atrás, fiel a su estilo, con una camisa verde musgo a rayas metida dentro de unos viejos *joggins* azul azabache y con la barba blanca que le empezaba a asomar. El joven Mansilla ya lo estaba esperando, admirando el picado mar de otoño sobre una banca al límite de la costanera.

El muchacho había faltado a trabajar unos días y la gente del restaurante se preguntaba qué le estaba pasando. Llamaron a su casa y la única novedad que tenían era que se había ido de viaje. Justamente debido a esto, Mancuello se sorprendió gratamente con el llamado de su amigo y acudió a la cita rápidamente.

—Adivina quién soy, lindo —dijo camuflando su voz, mientras tomaba a Álvaro por detrás tapándole los ojos con las palmas de sus manos.

—Siempre igual de boludo vos, eh —pronunció entre risas.

—Yo también te quiero —masculló el Flaco antes de fundirse en un abrazo.

Lo que creía que sería una charla de amigos se trasformó en un álamo de confesiones imprudentes y certeras. Álvaro le confesó toda su verdad. Ni la llovizna que comenzaba a caer desde los frondosos nubarrones del oeste lo detuvo un segundo. Al término de la narrativa de sus accionares, el Flaco Mancuello lo miró, lo miró fijo, tratando de entender, de comprender la decisión que estaba a punto de tomar su amigo.

—Mira, negro, desde el primer momento en que la viste te pusiste pelotudo, lo entiendo pero, ¿no será mucho esto? ¿Hasta dónde querés llegar? —hizo una pausa para tomar aire y continuó indagando sin suerte—. ¿Qué te querés probar?

—Toda mi vida le tuve miedo al amor, esta es la única vez en la que no estoy asustado. Siento la certeza en mi corazón y la perseverancia en mi cabeza —enaltecido por sus méritos continuó firmemente—. Fui un cazador solitario por muchos años, más de los que quisiera recordar, atravesé una galaxia de corazones amputados por decirlo de una manera banalmente alegórica. Nunca me han gustado mucho los finales felices, tal vez porque nunca me sentí partícipe de uno.

El Flaco Mancuello movía la cabeza de lado a lado, admiraba en secreto su audacia. Nunca se consideró un experto en cuestiones amorosas y cualquier opinión sería subjetivamente errónea.

—Van a pensar que desapareciste, ¿sabés?, que te chuparon los milicos —reflexionó el mozo.

—Lo sé —dijo dubitativo—. Ya no siento algo familiar en mi familia y creo que nunca lo sentí tampoco. La diferencia de pensamientos, compromisos y comportamientos, la lejanía de empatías. ¿Serán tan importantes los lazos impuestos por la sangre? ¿O las relaciones seleccionadas son más que los vínculos sanguíneos? Todo depara en nuestras elecciones, supongo.

—¿Cómo es tu relación con Emma? ¿En qué va a terminar todo esto?

—No somos amigos, ni novios, ni siquiera amantes, somos algo que transcurre, depende de nosotros el tiempo que lo hagamos durar. Mientras tanto, solo sucedemos.

—No te preocupes, no voy a decirle a nadie, pero te tengo que pedir una sola cosa —anunció emocionado por las palabras del joven.

—Decime —sonrió.

—¿Te puedo ir a visitar alguna vez?

—¡Claro, papá! Pero, por favor, no vengas con esa camisa horrible que tenés puesta.

Rieron como niños, como tantas veces lo habían hecho. Mientras se abrazaban nuevamente, Álvaro le escondió una carta en el bolsillo trasero del pantalón. Fue un adiós eterno, el joven había aprendido mucho de su amigo. Lo admiraba. Lo apreciaba como a un padre, probablemente por eso no quería llorar frente a él.

El siguiente paso a seguir era hablar con su familia, hacerles entender una situación inexplicable a través de una maraña de mentiras finamente calculadas. Álvaro llegó al departamento y ahí lo estaban esperando todos, con más reproches y enojos que devoción y cariño. Su madre había hallado unos frascos de pastillas antidepresivas en su habitación y desde hacía unos días no estaba en sus cabales.

—¿Quién es esa señora que te llamó el sábado? —indagó violentamente la madre ante la mirada atónita de su esposo e hijo mayor. Prosiguió elevando el tono de voz, antes de que Álvaro pudiera contestar a la primera pregunta—. Yo no me creo que tengas una noviecita en Buenos Aires, en algo raro andás metido, seguro que…

—Bueno, lo que pasa es…

—¿Y de dónde sacaste estas pastillas? —interrumpió sosteniendo un frasco naranja de fármacos en su mano izquierda.

Parecía no tener derecho a réplica, cada vez que el menor de los Mansilla quería responder una pregunta su madre lo interrumpía con otra. Cristina no hacía preguntas, las ametrallaba.

—¿Me vas a dejar explicar algo? ¿O vas a seguir gritando como una loca?

Esta reaccionaria contestación irritó aún más a su madre que amenazó con golpearlo mientras lo señalaba enérgicamente con el dedo índice.

—No te pases de vivo, porque mientras vivas en esta casa se hace lo que yo diga.

El padre y el hermano no participaban en absoluto de la conversación, estaban genuflexos ante el poderío ofensivo de Cristina.

—Bueno, entonces no te vas a tener que preocupar por eso mucho tiempo más, me voy a la mierda. Venía a decirte eso. ¿Estás contenta ahora?

La madre, como era de esperar, estalló en llanto ante la respuesta de su hijo. Su esposo la abrazó y le acarició la cabellera mientras ella se hundía en su pecho.

—¿Qué hice de malo, Héctor? Decime qué hice, por favor —gritaba entre pesadas lágrimas.

Cristina, víctima y victimaria, protagonizaba la escena. Álvaro se sentía un extraño dentro de su propia casa, y dentro de su propia familia. La tensión era barbárica.

—Hace un tiempo comencé a militar en la Resistencia Peronista en La Matanza, participamos de algunas maniobras antigubernamentales y ahora me están buscando, venía a despedirme. Entraré en la clandestinidad —anunció el joven—, si me quedo en Mar del Plata me van a encontrar y también los van a encontrar a ustedes. Voy a desaparecer hasta que todo esto se calme. No se preocupen, voy a estar bien. Mis compañeros me van a cuidar pero por un tiempo no voy a poder comunicarme con ustedes.

—Pero, ¿qué hiciste Álvaro? —preguntó angustiosamente Héctor, entretanto abrazaba a su esposa.

—No importa lo que hice, ya está hecho y no hay vuelta atrás. La decisión está tomada, tengo que desaparecer de la ciudad un tiempo.

Era reciente la noticia de los fusilamientos a los peronistas en contra del régimen de Aramburu, se sabía que cualquier acto fuera de lugar sería castigado.

La madre corrió al encuentro de su pequeño. Su abatimiento era abrumador, lo abrazó borrando todas las palabras dichas con anterioridad. Lloraron juntos. Álvaro cargaba el peso de la mentira una vez más. Tuvieron su última cena, entre nostalgia y recuerdos de la infancia. A la mañana siguiente partió, para nunca más volver a reencontrarse con su familia.

XXII

S. N. P. K

Cerré el libro sin siquiera poner un señalador, mi cabeza se fundía en reflexiones acerca del alcance del amor y el límite con la obsesión. La diferencia entre la depresión y la melancolía. Este joven aventurero alzaba valores propios de un mito nórdico. No dejaba de preguntarme qué moraleja depararía este libro en mi vida. Tal vez no luché lo suficiente por Isabel, quizá estos pasajes vinieron a mí en busca de redención. Tarde o temprano pagaremos el precio de los propios pecados, no en esta vida, ni en la otra, ya que nosotros somos nuestro propio karma.

Era un muestrario de ideas y conceptos totalmente desconocidos para mí, la lucha contra el estructuralismo del amor y la perseverancia como bandera izada en cada capítulo. La utopía de un amor tan puro como obsesivo. ¿Qué tan real podría ser Álvaro?

Interrogantes tan terrenales que se conjugan entre sí para transformarse en su propia respuesta.

¿De qué somos capaces por amor? ¿O es el amor el que nos hace capaces?

El café frío a un costado, el local totalmente despoblado y un ambiente que no parecía modificarse desde la década del cincuenta produjeron algo en mi cabeza que parecía venir madurando desde hacía tiempo. Estaba cansado de perseguir falsos héroes promovidos por la televisión, frente a mis ojos las palabras de un verdadero enamorado abrieron mis perspectivas.

Salí del bar, apenas había pasado una hora, el sol brillaba y el calor golpeaba mi espalda. Me paré frente al casino, observé a la gente pasar a mi alrededor. Cada uno en su mundo. Cada universo paralelo que chocaba una y otra vez contra la monotonía de una vida preinscrita. Nos creemos únicos y solo somos una repetición de nosotros mismos. La mayoría de las personas que conocemos viven vidas grises, han venido al mundo a pagar cuentas y a nada más. Sus sueños son autos o muebles, no anhelan libertad, ni un gran intelecto que les deslumbre nuevos placeres, solo quieren lo que les dijeron que pueden comprar. Esa ingenuidad imbécil los hace vivir de lunes a viernes para otras personas. Se rebajan para cumplir los sueños capitales de alguien al que nunca conocerán. Porque así nos adiestraron; para que nuestro mayor orgullo sea el trabajo. Y si no lo tenemos, pues desesperar, porque sin dinero no se puede vivir. La plenitud siempre en un segundo plano, porque en esta sociedad solo somos lo que podemos comprar y solo eso.

Tomé mis zapatos y con los pies descalzos caminé por la orilla de la desierta playa Bristol.

Toda mi vida se entremezclaba delante de mis ojos y se fusionaba con el suave oleaje de abril. Estaba solo, realmente solo, mis padres nunca pudieron sobrellevar el peso de mi pasado. Mis amigos olvidados en un tiempo que ni siquiera yo recuerdo y mi hija tan lejana en distancia como en sentimiento. La ausencia hace a la presencia en cierto modo. Lo sentimental, lo imaginario supera a lo real, gracias a eso puedo sobrellevar mis pesares.

Sin pensarlo, llegué al borde de la desolada escollera de los pescadores, intentaba arrojar algunas piedras la más lejos que podía. Lentamente se aproximó una señora y se sentó a mi lado. No hablamos, apenas nos miramos, unos metros nos separaban. Ella parecía triste, ahogada en algún recuerdo. Luego de un largo rato, se paró y, antes de desaparecer en el camino rocoso, dijo: «No somos nada».

XXIII

Las penas del Álvaro

Capítulo décimo cuarto

Cuando el Flaco Mancuello llegó a su casa de Bolívar y Salta, se miró en el espejo y dijo para sí mismo: «Está buena esta camisa, ese pendejo no sabe un carajo de moda». Se la quitó suavemente y la depositó sobre el respaldo de una de las sillas de pana gris del comedor. Cuando quitó sus pantalones la carta cayó bajo la mesa.

Al salir de la ducha, la vio tirada y se sentó desnudo en el sillón a leerla. Intentó, en vano, seguir las líneas del joven pero sin sus anteojos de lectura no veía nada. «La puta madre, no veo un carajo», dijo en voz alta, mientras tomaba los anteojos de arriba de la mesa.

> Queridísimo amigo:
>
> Sabía que personalmente no tendría el coraje de decirte todo lo que he aprendido de ti. Has sido un pilar en mi vida, el único que se mantuvo de pie ante todos los terremotos que me sucumbieron. Fue la magia de tus manos la que me enseñó a llevar una bandeja con entereza, fue tu discurso el que me enseñó que por servir a los demás no perdería mi dignidad. Tu sabiduría en la noche me guio en el arte de la seducción y en el descontrol de los sentimientos.
>
> El día de mi cumpleaños veintiuno no me regalaste nada material pero me diste unas palabras que jamás olvidaré. Borracho

de vino, ya solos en la esquina del bar, tomaste mi mano y me aconsejaste diciéndome:

«Cuando puedas vivir de acuerdo a lo que sientas y no a lo que pienses, descubrirás lo que es realmente la felicidad».

A partir de ese momento dejé de pensar y empecé a sentir, probablemente sentí demasiado y por eso me encuentro en esta situación. Estoy ennoblecido en mi causa, sé que valió la pena cada llanto porque aprendí en cada pena y sonreí en las penurias más oscuras.

Siempre dijiste que nos ocultábamos en las cosas que no pudieron ser, hoy dejé de ocultarme y salgo a chocarme con lo que sea que me espere.

Ojalá encuentres el brillo en tus ojos, en tanto, yo voy en busca del mío.

Álvaro.

No pudo contener su sonrisa al ver reflejados tantos sentires en un trozo de papel. Lo leyó nuevamente, pensó en contestarle, pero no encontró palabras. Estaba orgulloso de sí mismo. Se acercó a la cocina, seguía desnudo en su totalidad, y abrió una botella de cerveza Quilmes para celebrar en soledad la valentía de su compañero. Levantó el vaso y brindó: «Por Álvaro». Volvió al sillón, frente a él, la silla con la camisa tendida en el respaldo. La observó con detalle, arqueando las cejas y achinando los ojos. «Tiene razón, es una mierda la camisa esa, mejor la tiro».

XXIV

Las penas del Álvaro

Capítulo décimo quinto

Su Mar del Plata querida, su añorado mar, la fresca brisa matinal habían quedado ya detrás en su vida. Abordaba, por última vez, el marplatense a Constitución. Extrañamente durmió todo el viaje, cansado de sus propias actuaciones pero consciente de que el resto de su vida derivaba en una especie de rol actoral. Al arribar a la sucia estación capitalina, allí estaba Gladys esperándolo, enfundada en unas enaguas y, por encima, una pollera tableada que combinaba con una camisola negra transparente, algo atrevida para su edad. Se abrazaron de forma delicada y gentil, ella no le preguntó qué había pasado en Mar del Plata, temía escuchar una respuesta poco placentera, él solo informó: «Ya solucioné todo». Sin más, partieron rumbo a la hostería.

En el tardío almuerzo se deleitaron con unas suculentas lentejas a la española que cocinó la viuda.

—Mañana —masculló Álvaro mientras se metía un cucharón repleto en la boca.

Gladys no contestó, hubo un breve silencio en el que lo único que se podía oír eran los dientes al masticar y el sonido de los cubiertos raspando el fondo de los platos.

—Mañana temprano vamos a hacer los trámites para internarme —continuó.

—Ya están hechos, Alvarito —argumentó ella—, a primera hora nos esperan en la clínica.

El joven se ruborizó y, volviéndose hacia ella, le acarició suavemente la mano sobre el mantel.

—Gracias, en serio, gracias —expresaba el joven mientras mordía su labio inferior y movía brevemente la cabeza hacia los costados.

La doctrina del bien y del mal, la de la felicidad y la tristeza, se confundían entre sí, ya no importaba lo correcto, siquiera lo erróneo. Los interrogantes de una vida escondido en el silencio se abrían a su alrededor, aun así, se aferraba a su convicción, a su desenfrenado amor, sabiéndose en una marcha sin retorno hacia la oscuridad.

La felicidad de reencontrarse por primera vez con aquella persona que creyó perdida, la propia sonrisa al pensar, al imaginarse secuencias que seguramente nunca ocurran. El dulce abrazo a la almohada en sustitución de su amada. Esa última velada en la hostería fue algo pesarosa, casi nostálgica. Todas sus teorías sobre mujeres se derrumbaron poco a poco hasta, al fin, desaparecer y ser sustituidas por sentires realmente auténticos. No había más que amor en su corazón.

Ninguno de los dos pegó un ojo en toda la noche.

El reloj marcaba las ocho de la mañana y ya se encontraban frente a la institución de la calle Corrientes. Tras un breve papeleo, Álvaro y Gladys se despidieron de manera emotiva, tan metidos en sus personajes, tan honestos a la vez. Al joven lo trasladaron a su habitación, su nuevo hogar. El lugar olía a óxido, su memoria olfativa le hizo recordar las largas noches elaborando plomada en el garaje del Gordo Titi, mediante el fino proceso del derretimiento del plomo. Vinieron a su cabeza imágenes de su Mar del Plata natal, de la escollera Gancia, de las fallidas sesiones de pesca nocturna.

Las paredes húmedas, la cama blanca de algarrobo manchado, el colchón más fino y gastado que jamás había visto afligieron al joven que intentó sin éxito dormir un poco. Cercano al mediodía, irrumpió en su cuarto un enfermero que, sin cuidado alguno, lo tomó del brazo y lo levantó de la cama de un tirón.

—Levántate, la puta que te parió —Álvaro respiró profundo y se puso de pie, se contemplaron amenazantes—. ¿Qué mirás, tontito? —clamó burlonamente el enfermero bajo una expresión de infinito desprecio.

Pensó seriamente en golpearlo, pero sabía que los abusos por parte del personal iban a ser recurrentes, el maltrato era un acuerdo tácito. La mayoría de las instituciones de salud mental públicas se habían ganado una mala fama gracias a la enorme cantidad de denuncias por maltrato y abuso sexual.

Se dirigieron hacia la sala de recreación, una habitación de piso de parqué marrón terracota atusado con una triada de pequeñas ventanas a centímetros de diferencia unas de la otras. Eran aproximadamente veinte pacientes los que se encontraban distribuidos entre el piso y las sillas. Todos vestían batas blancas y pantalones de tela celeste. Algunos calzaban mocasines descoloridos, otros simplemente andaban descalzos.

El suelo estaba repleto de juegos, en su mayoría rotos e incompletos. Había dados, tarjetas para memorizar actividades como ir al baño o pedir comida, aros para el desarrollo y práctica de las habilidades motrices, cuentos ilustrados para fomentar el intelectual cognitivo y pelotas para el recreativo.

Los padecientes, en su mayoría jóvenes menores de treinta años, mostraban un aspecto distante entre sí, pero a la vez solidario y cortés. Una guitarra se hallaba contra uno de los marcos de la salida de emergencia, Álvaro tuvo que contrarrestar su impulso de abalanzarse sobre ella y rasgar sus cuerdas. Se escuchaban aplausos y gritos desde una habitación contigua, el joven supuso que Emma se encontraba allí. Intentó espiar por la hendija de la cerradura pero velozmente una amable enfermera, llamada Susana, lo guio hacia una mesa con papeles y lápices de la mayor índole de colores.

Así pasaron las horas, los días y Álvaro todavía no lograba ver a Emma, ni siquiera oyó hablar de ella. Cada noche le era imposible dormir, los gritos dominaban la escena. Los guardias golpeaban con la macana de forma feroz las puertas de las habitaciones en busca de silencio. Amenazaban a los que más aplaudían. Insultaban y escupían a los que no callaban su aullido. El ambiente era tétrico. En su tercer día recibió un cachiporrazo en la nuca cuando intentó ir al baño por la madrugada. La mayoría de los golpes eran al cuerpo y ocultos en la impunidad de la vestimenta reglamentaria.

Trascurrió la primera semana, y ese mismo lunes Gladys fue a visitarlo. Lo encontró algo consumido, con una afeitada irregular, la piel un tanto irritada y más despeinado que de costumbre.

—Albertito, querido, ¿cómo andas, mi amor? —exclamó la viuda, visiblemente conmocionada, desde la puerta de entrada a la sala de visitantes.

El joven no respondió, tenía la mirada fija en un vaso de plástico apoyado sobre una mesa cercana. Los medicamentos que estaba recibiendo lo mantenían algo distante de la realidad, menos perspicaz que de costumbre y mucho menos reaccionario.

Gladys lo sujetó de la mano bajo una mirada mustia.

—Álvaro, decime algo, por favor —suplicó entre sollozos.

El muchacho parecía no escucharla, su mirada fija no trasmitía ninguna emoción. Cuando la viuda parecía resignarse a no escuchar su voz, Álvaro la sujetó del brazo y depositó, como quien paga una coima, un papel en la palma de su mano. El tiempo de visita terminó.

Apenas pisó el cordón, la viuda extrajo el papel del bolsillo y lo desenrolló lo más rápido que pudo. Se decepcionó al ver la escasa cantidad de palabras, esperaba encontrarse con otro tipo de carta.

«Todavía no vi a Emma, sigo esperando».

Entrada la noche Gladys llamó a la casa de los Mansilla en Mar del Plata, pero al escuchar la voz de la madre del otro lado, cortó el teléfono y se prometió a sí misma ni siquiera volver a pensar en traicionar a Álvaro.

XXV

Cimas IV

¿Por qué corromper nuestros sentimientos?

Si la felicidad son aquellos efímeros momentos en los que no pensamos.

¿Qué produce la incapacidad de sentir? ¿Los desengaños, quizá? Lo dudo.

La respuesta es una variable tangiblemente incomputable: nuestro propio corazón.

¿Acaso existen eufemismos en el amor? ¿Qué tan distantes pueden ser nuestras verdades de las propias alegorías?

Quien pueda resignarse a sus propios despojos sabrá realmente lo que es amor.

El enamorado mira con otros ojos, ajenos a él y al mundo acaso. Sus realidades difieren de la actualidad y mutan al pasado invitando al futuro.

Qué grotesco, qué desesperante es creer en la lógica del amor. Quizá el más errático de los sentimientos.

¿Seremos capaces de hacer sangrar nuestros sentires?

Podemos exteriorizar el dolor, materializar nuestra ira, pero jamás podremos describir un amor, una pasión, sin equivocarnos en cada palabra.

XXVI

Las penas del Álvaro

Capítulo décimo sexto

Emma

Transcurría el año 1933, el exmandatario Hipólito Yirigoyen era trasladado a Buenos Aires para terminar de cumplir su condena bajo arresto domiciliario. En tanto, el presidente electo Agustín P. Justo reprimía y contrarrestaba las oposiciones por parte de los radicales en todo el país. El secuestro y posterior asesinato del estudiante de medicina Abel Ayerza conmovía a la nación y la creación del Banco Central de la Nación suponía un clavo más al ataúd de nuestra economía.

El velorio de María Eugenia Larez de Argón fue multitudinario, ese ángel amado por toda la comunidad chubutense de Río Mayo había abandonado su forma terrenal, dejando detrás a dos pequeños hijos y a un desahuciado esposo. Nadie podía creer que era la sonriente y elocuente Eugenia la que se encontraba flexiblemente acomodada en ese féretro de madera opaca con detalles en plata. La sala fúnebre Hermanos Santino nunca había albergado a tal cantidad de personas, prácticamente todo el pueblo estaba allí para despedir a la joven de apenas veinticuatro años. El marido era víctima de todos los abrazos indeseados de individuos que apenas conocía.

—Era de noche, le dije que era peligroso —reflexionó Claudio ante la atenta mirada de Mirta y Venicia Argón—. No sé por qué pensé que algo le podía pasar.

—Hijo, no es tu culpa —promovió la primera mientras secaba sus lágrimas con un pañuelo color durazno.

—No sé, mamá, no sé —respondió el joven apoyando su mano derecha en el esplendor de su frente.

El salón estaba revestido en telas blancas detalladas con pequeños volados bordo y floreros esbeltos y cristalinos, con no menos de ocho claveles amarillos cada uno. La flor preferida de la difunta.

—Simplemente no lo vio, hijo, estaba oscuro, esa ruta nunca estuvo en buenas condiciones, cualquier curva puede ser la última.

—No puede ser, ella sabía manejar muy bi... —el llanto cortó la oración, su tía Venicia lo abrazó, quizá como nunca lo había hecho en su vida. Estrujó sus brazos lo más fuerte que pudo contra su espalda, acarició su cabello bruscamente intentando consolar a su, prematuramente viudo, sobrino.

Todo cambió tras esa fatídica noche, Claudio Argón tendría enteramente a cargo a sus dos hijos: Emma de diez meses y Marcos de dos años de edad.

Concebida un catorce de enero de 1933, no debía haber arribado, por lo menos, hasta mediados de junio. El parto se adelantó y con él los problemas. La pequeña Emma fue sietemesina, dato que no tiene la mínima inferencia en su trastorno de desarrollo. Para la época, ella era tan solo una niña con retraso mental, todavía no se hablaba sobre el autismo. Al cumplir tres años aún no hablaba, ni siquiera mostraba algún valor afectivo por alguien o algo. Psicólogos y psiquiatras provinciales intentaban en vano tratamientos y medicamentos no consecuentes para alguien con sus síntomas.

A su lado crecía su hermano mayor, Marcos que, fuera de los pronósticos, no envidiaba el cuidado que requería la pequeña, sino que colaboraba en todas las actividades que su corta edad le permitía. Le leía, la ayudaba a peinarse, la defendía de los crueles vecinos que la insultaban cuando no dejaba de gritar y aplaudir a altas horas de la madrugada. Así crecieron juntos, inseparables, pero tan distantes a la vez. Emma solo dejaba que su hermano la abrazase.

Marcos creó, a través de su hermana, un sentimiento de protección y respeto hacia el género femenino imponente. Aunque ninguna de sus tantas novias tuvo el privilegio de entrar en su casa, y menos aún, de conocer a Emma. El joven de cabello blondo, ojos claros como el cielo, poseía una presencia admirable. Todas las muchachas del pequeño pueblo, de no más de mil quinientos habitantes, estaban locas por él.

Al llegar el 46, los cambios se avecinaban en un mundo que ya no sufría la Segunda Guerra Mundial y Argentina no sería la excepción. El cuatro de junio el presidente Farrell cede el poder a Perón y este a los trabajadores. La nacionalización de los ferrocarriles ingleses al año siguiente, gracias al Primer Plan Quinquenal, generó una posibilidad importantísima de trabajo para Claudio, que ya militaba desde hacía un tiempo en la Juventud Peronista. La familia Argón se trasladó al porteño barrio de Flores, a una humilde pero hermosa casa cedida por el Gobierno nacional. Allí Emma podría asistir a una escuela de educación especial y a las terapias que tanto necesitaba. Todo parecía volver a encajar en la vida del viudo. Ya habían trascurrido trece años desde aquel trágico accidente en la ruta 40 que le arrebató a su esposa.

La joven autista recibía atención profesional en la casa tres veces por semana, mientras los días restantes la cuidaba su hermano que estaba terminando el secundario. A finales del 48, cayó sobre los hombres de la familia una difícil disyuntiva que se venía postergando desde hacía mucho tiempo. Con edad suficiente para ingresar en la Facultad de Medicina, Marcos dejó pasar la oportunidad, luego de haber aprobado los exámenes de ingreso, por no abandonar el cuidado de su hermana. Su padre, orgulloso por el amor de sus hijos, le comunicó al mayor la decisión de internar a Emma en una de las clínicas más prestigiosas de la ciudad. Marcos, indignado pero aliviado a la vez, acató con serenidad la determinación de su padre. Era una resolución drástica, tanto para ellos como para la muchacha, ya que desde el fallecimiento de su madre jamás se había separado de su familia.

Los años fueron quedando atrás, y con ellos la historia de Emma. Cada día que pasaba era olvidada por su propia familia que la visitaba invariablemente todos los sábados a las diecinueve. La única hora de la semana alejada del abandono. El ferviente apego de su hermano mutó en un desarraigo sin razón. La difícil tarea de crear vínculos con alguien invinculable, al menos en forma tangible, terminó venciendo a Marcos, que cada vez que asistía a las citas se desmoronaba y hundía en sentimientos de culpa. La condena del descuido sentimental carcomía el interior de Claudio que trabajaba jornadas inhumanas para poder pagar la educación de Marcos y la Internación de Emma. Las vacaciones pagadas impuestas por Domingo Perón años atrás, en el artículo 150 de la Ley de Contrato de Trabajo, se acumulaban en un expediente de horas extras.

Fue recién en julio del 52, tras el fallecimiento de Eva Duarte, que fue forzado a tomarse un descanso y cumplir el obligatorio luto. Sin segundos pensamientos, cargó su Ford Mercury color vino tinto, modelo cuarenta y dos. Amarró al descascarado techo algunas reposeras, unas maletas a medio llenar, una parrilla algo oxidada y se dirigió con sus dos hijos rumbo a Mar del Plata. Se hospedarían durante una semana en el hotel Sindical de la Unión Ferroviaria, en la calle Brown al 1800, a tan solo unas cuadras del mar.

En varios puntos estratégicos de la ciudad se encontraban ataúdes simbólicos, atentamente vigilados por empleados públicos, y grandes pancartas con mensajes para la jefa espiritual. Cualquier persona podía acercarse a dejar una flor, rezar o simplemente tocar el féretro, en una especie de simbolismo nacional.

Esa primera tarde en el destino vacacional más importante del país, recorrieron la tan famosa rambla Casino, reconstruida tras el incendio a principios de siglo de la llamada rambla Pellegrini y la desprolija sucesión de construcciones posteriores. Vistieron sus mejores trajes, Emma lució un elegante vestido blanco de pliegues cruzados, un pequeño escote redondo, una cadena de oro en forma de corazón con las iniciales E A talladas en ella, prendida al cuello y una cartera de cuerina marrón *curry*.

Caminaron con los pies descalzos por las playas de La Perla, Emma se dejaba mojar por el suave oleaje y no parecía percibir frío ni calor. Se la veía libre, feliz. Su hermano la corría por la orilla y le mostraba su habilidad para hacer rebotar las piedras planas por sobre el mar. Ella festejaba su hazaña con fuertes y dispares aplausos. Casi sin notarlo, la noche comenzó a caer, y la luna se reflejaba, de manera casi poética, sobre las calmadas aguas del océano Atlántico.

Recorrieron, a paso lento y cansado, la avenida Independencia, la cual se encontraba plagada de carteles y pegatinas en conmemoración a Evita. Doblaron por 3 de Febrero y entraron al restaurante de don Emilio, amigo del recepcionista del hotel, que les había reservado una mesa.

Al entrar, Claudio percibió un mal olor que en un principio sospechó que provenía de la camisa del mozo que tenía enfrente, pero luego dedujo que era la humedad del lugar.

Los atendió el Flaco Mancuello, pidieron pastas para ellos y un plato de puré de calabaza para Emma. El experimentado mozo, como cumpliendo con un ritual, sonreía ante el pedido y se despachaba con chistes acerca del clima. El Flaco no solía improvisar, tenía una cartera amplia de chistes y comentarios acerca de los días soleados, otros tantos sobre los lluviosos y un gran manantial de los fríos de invierno.

En el otro extremo del lugar estaba Álvaro, tan alegre y jovial como de costumbre. Colgado con sus codos sobre la barra miraba incasablemente a la risueña muchacha.

—No sé qué se piensa que es una carrera, el pelotudo —enfatizó Mancuello mientras arrojaba su repasador negro con redondeles blancos sobre la mesada.

El joven sonrió y mordió su labio inferior.

—¿Qué pasó? —preguntó entre risas.

—El pelotudo ese pidió sorrentinos especiales y, cuando se los fui a dejar, se quejó de que había tardado mucho. Y sí, son los especiales, qué te pensás, porteño de mierda —dijo ofuscado.

—¿Y ella qué pidió?

—Uh, la puta madre, me olvidé el puré.

Álvaro volvió a reír, le encantaba escuchar las puteadas de su amigo contra los turistas. Para él, eran todos porteños.

—¿De qué te reís, pelotudo? —finalizó mientras volvía a la cocina.

La cena fue agradable y la comida algo salada para el gusto de los Argón. Emma no dejó de mirar la vereda en toda la velada. Veía a la gente pasar, y en algunos momentos apoyaba su palma izquierda sobre el vidrio. Apenas probó el puré.

Al notar su luto y para remedir la tardanza en la comida de la joven, el Flaco les llevó la cuenta y les alcanzó un cuadro con una foto de Perón junto a su esposa entre los brazos de don Emilio, de cuando el general visitó el restaurante. Mientras tanto Álvaro, aprovechó la distracción de los hombres y dejó caer una carta sobre la cartera abierta de la joven que pareció mirarlo pero no verlo.

Tras esa semana en la ciudad, las cosas volvieron, más o menos, a como estaban antes. Salvo por ese enamorado del cual Emma conquistó su corazón, sin siquiera saberlo.

Hasta que el primer fin de semana de 1956, Claudio Argón llegó un poco más temprano de lo habitual a visitar a su hija y una de las enfermeras que había empezado a realizar pasantías en la clínica le comentó, al pasar, que Emma era de las únicas pacientes que era frecuentada por un novio.

—Llega justo, Álvaro aún no llegó. Emma ya está en el salón de visitas.

—¿Cómo dice? —preguntó desconcertado.

—Que Emma es una chica muy afortunada. La envidia de todas las enfermeras le diría —declaró buscando una inútil complicidad—. Ese chico es divino, si usted viera cómo la trata.

—¿Qué chico?

—El novio de Emma —cuando terminó de pronunciar la frase, la inocente Sofía cayó en la cuenta de que había metido la pata.

El general ardió en cólera y no dudó un segundo en patear la puerta del despacho y tomar al doctor Colella por el cuello. En primera instancia, el catedrático atinó a negar la acusación pero, poniendo su ego en el lugar correspondiente, terminó cediendo ante la ira del padre. Amenazas de juicios, promesas de demandas era lo único que salía de la boca de Claudio que tuvo que ser escoltado por varios enfermeros hacia la salida. La discreción no era su fuerte. Escéptico ante una situación que lo superaba, atinó a telefonear a su hijo para contarle la situación, pero por sí solo abandonó la idea. No quería preocuparlo, sabía de la pasión y locura que aún sentía por su hermana menor.

Esa misma noche, Emma fue trasladada, como quien carga un perro, hacia el centro médico Uiralez en el barrio de la Chacarita.

Años más tarde, la familia Argón le ganaría un juicio casi millonario a la clínica, que produjo, entre otras cosas, el cierre de la misma, la suspensión permanente de licencia médica al doctor Collela y su posterior desaparición en octubre del 78.

Sin capítulo

En primera persona

Siempre quise gritar sin saber como hacerlo.
Siempre quise amar pero mi forma de hacerlo era inexpresable.
Siempre quise abrazar sin ser abrazada.
Siempre quise mirar sin que me miren, y observar sin ser observada.
Siempre quise morir sin haber vivido.
Siempre quise sufrir, sin hacerlos sufrir a ustedes.
Siempre les rogué perdón, sin ser escuchada.

XXVII

Conciencia

—¿Acaso no tienes una razón para creer en mí? —pregunté de forma melancólica y sentida—. Déjame decirte una.

Ella volvió a colgar. Lo intenté nuevamente, sin obtener más que un tono del otro lado.

Acto seguido, golpeé fuertemente el teléfono público hasta romper al medio el auricular, y me alejé con la más inenarrable de las broncas. Había empezado a llover, retomé mi marcha hacia la pensión. Al llegar, dejé caer el peso de mi magro cuerpo contra la cama, el resorte salido por uno de los costados agujereó mi pantalón. Se apiñaban en mi cabeza imágenes de la infancia de Josefina: su primer día de jardín, las tardes en la oficina en las que jugaba a ser periodista y entrevistaba a todos sus muñecos. La rana René tendía a ser muy elocuente con sus respuestas. No pude evitar llorar. A mi alrededor se percibía una soledad sombría, mis demonios ganaron la batalla de mi interior y el infortunio invadía mis pensamientos. Derrotado por el cansancio, me dispuse al sueño. Oí dos golpes secos, alguien estaba llamando a mi puerta. Simulé no escucharlos, claramente no esperaba a nadie. Al cabo de unos segundos se repitió el golpeteo, esta vez con mayor intensidad y decisión.

—¿Quién? —grité sin moverme de la cama.

No hubo respuesta. Me levanté, algo intrigado, y abrí.

Allí se encontraba ella, parada frente a mí, erguida majestuosamente, con un porte imponente. Su castaño cabello ondulado pegado a la parte superior de su cabeza con un rodete de proporciones admirables, un sacón de paño negro, notablemente mojado, que apenas dejaba ver sus tobillos.

—¿Melisa? —dije un poco confundido pero aún más sorprendido—. ¿Qué hacés acá?

—¿Vos qué hacés aca? —respondió como si hubiese tenido estudiada la pregunta—. Es una pocilga esto, Víctor.

Melisa era la hermana de Isabel con la que había tenido una aventura hace cuantiosos años. Nuestra relación siempre fue un secreto, nunca nadie sospechó nada, ni siquiera su marido Mario, que ya me aborrecía por algunas otras razones desconocidas para mí. Creo que nunca le gustó el hecho de que sea de River. Era un hombre de escuetas palabras y pocas pulgas, encima hincha de Boca. Me negó la palabra durante dos años sin un motivo aparente. El único, tal vez, la sospecha de que me acostaba con su esposa, vaya uno a saber.

La invité a pasar, no sin antes escuchar sus quejas por la suciedad de la habitación.

—¿Hace cuánto que no te afeitas? —continuó rápidamente—. Mirá la cara que tenés, por el amor de Dios.

—¿Cómo me encontraste? —indagué curioso.

—Víctor, no te olvides de que yo también soy periodista. Llamé al diario, cuando me enteré de que te habían desalojado, y ellos me dieron este número que vos habías dejado de contacto. Cuando me comuniqué con la recepcionista, me dijo que no se encontraba ningún Víctor alojado. Entonces supuse que usaste el nombre con el que solías firmar las editoriales: Astor Staley. Y sí, el tal Astor se encontraba en la habitación diecisiete.

Sorprendido ante su eficiencia, dispuse los argumentos apropiados para justificar mi situación, los cuales fueron contrarrestados con la misma velocidad con la que salieron de mi boca.

—Cámbiate, vamos a comer a algún lado —ordenó Melisa en un tono ya menos autoritario—, yo invito.

—Dale, pero el lugar lo elijo yo —comenté mientras abrochaba mi mejor camisa blanca.

Caminamos unas cuadras bajo la leve llovizna, y llegamos al famoso restaurante de don Emilio. Nuevamente, la felicidad me invadió.

Era temprano, apenas las ocho de la noche, el lugar se encontraba vacío, tan solo algunos empleados que estaban terminando de acomodar las mesas. Pedí, sin dudarlo, la mesa junto a la ventana, supuse que era aquella en la que la familia Argón dispuso su cena. Al sentarme observé, como un niño en un parque de diversiones, todo a mi alrededor. Analizaba las baldosas del piso, medía la magnitud de la barra, el color rosado de las paredes y la antigüedad de las sillas. Apenas acomodé el saco en el respaldo de mi asiento, me dirigí al baño y ahí fue cuando lo vi. Detuve mi marcha de forma automática. No lo podía creer. Todas mis especulaciones desaparecieron, mis enigmas se resolvieron delante mis ojos. Frente a mi nariz se encontraba el cuadro de don Emilio junto a Perón y Evita. El mismo que el Flaco Mancuello usó para que Álvaro pudiese entregar su carta. Todo era real. No estaba leyendo una ficción, recordaba una realidad. La foto estaba bastante deteriorada, aun así se lucía por el marco de flores doradas que la envolvía. Imaginé a Mancuello descolgando el cuadro y llevándolo a la mesa. A Álvaro escabullendo su carta en la cartera de Emma.

La emoción me invadió de tal manera que volví en mis pasos, y le conté a Melisa lo acontecido. Ella no vaciló en cambiar de tópico rápidamente, era más que obvio que el propósito de su visita no era escuchar mis opiniones, mucho menos las literarias.

—Mira, Víctor —cortó tajante mientras se servía una copa de vino blanco—. Mi hermana me comentó tu situación y quiero ayudarte. Honestamente vos fuiste alguien muy importante en mi vida, y me duele verte de esta manera.

—Mira, Melisa… —intenté acotar—, la relación mía con tu hermana es problema nuestro. Agradezco tu preocupación y la invitación pero si la disyuntiva a tratar es mi rol como esposo y padre, acá termina la cena.

—No, no… —retrucó velozmente—. Yo estoy de tu lado.

Melisa e Isabel nunca estuvieron muy unidas, a pesar de que su diferencia de edad era prácticamente inexistente, apenas once meses de diferencia. Durante su infancia competían por el amor de sus padres de manera maquiavélica. Ambas eligieron seguir la misma carrera y coincidieron en matrimonios tempraneros. Todo en sus vidas estaba atado a comparaciones. Su familia era dueña de un astillero en el puerto marplatense y por ende estaban ligados al negocio pesquero y sindical de la ciudad. Recibieron la mejor educación que el dinero podía comprar. Durante su adolescencia apenas veían a su padre que, con la atroz perversidad de los empresarios, entregaba sus días al dios de la codicia. Mientras que su madre, «una adoctrinada social de la Iglesia», como solía denominarse, las instruía de lleno en una religión que poco a poco aprendieron a odiar. La única manera de escapar de un ambiente viciado de mentiras y escaparates sociales era cambiar de ciudad, bajo la infalible excusa de una carrera universitaria.

—¿Y entonces? —musité—. No entiendo a qué viniste.

—Las cosas con Mario hace tiempo que no van bien, supongo que sabías eso —comentó mientras apoyaba los cubiertos sutilmente contra el blanco mantel, que ya se encontraba repleto de migas de pan—. Hace poco cuando mamá me contó lo de Isabel, le comenté a Mario, quizá de forma demasiado sentida, la situación.

Tomó la copa y de un sorbo bebió todo el vino. Sus ojos estaban empezando a cristalizarse, el sollozo era inminente.

—No sé qué le pasó —continuó—, estalló en furia. Me apretó del brazo como jamás se había animado a hacer, y me pegó un cachetazo que rompió mis gafas de lectura. Estaba descolocado, fuera de sí.

—Ese hijo de puta… —interrumpí mientras rememoraba en mi cabeza la imagen del poblado bigote de Mario, esas anchas cejas sin forma, y su rostro trunco de piel morena. Nunca comprendí ese abominable accionar llamado violencia de género.

—Ese día vino Isabel con Josefina a casa y las cosas se tranquilizaron un poco. Aunque ella percibió la marca en mi mejilla, no dijo nada.

—¿Cómo estuvo la comida? ¿les alcanzo la carta de postres?— irrumpió el joven mozo.

Melisa, con una mirada desafiante, le indicó su desubicación y sin dudarlo retrocedió sin recoger los platos vacíos, intuyendo que no apetecíamos nada.

—A los dos días, Isabel partió rumbo a Buenos Aires y nuevamente me quedé sola en la casa con él —prosiguió un poco más calmada—. Primero me pidió perdón. Juró y perjuró no volver a levantarme la mano jamás, pero poco a poco comenzó a exaltarse de nuevo. Tenía la convicción de que yo andaba en un amorío, que frecuentaba a un amante. Y vos sabes que más allá de lo nuestro, yo jamás engañé a Mario.

Las lágrimas comenzaron a brotar de sus ojos de una manera tan extraña que asustaba. Era palpable el dolor en su habla y la angustia en su garganta. Quise abrazarla, pero no lo hice. Pensé en besarla, pero tampoco tuve lo necesario. Tan solo podía escucharla e intentar comprender su dolor.

Pese a los años que pasaron, sentía una extraña empatía por Melisa. Por supuesto que no era amor, tal vez cariño, seguramente pena. Ella era muy frágil, y la guerra fría contra su hermana la afectaba más de lo que pensaba.

Tomé su mano entre las mías, la miré dulcemente a los ojos y le dediqué una mueca que bien podría haber sido una sonrisa. Ella rio mientras mis dedos se ocultaban detrás de su cuello y mi pulgar barría de forma suave y sumisa las gotas de su tristeza. Nuestras miradas se encontraron, como tantas veces lo habían hecho en albergues transitorios, pero esta vez todo era distinto. Lo que chocaba no era el deseo, tampoco el sexo, esta vez eran nuestros indefensos sentimientos los que colisionaban.

No pudo terminar su historia. No fue necesario. Me acerqué a la barra, pedí la cuenta casi olvidando por completo en dónde me encontraba.

Esa noche hicimos el amor casi sin mediar palabra. Los más bajos instintos se satisficieron de la forma más violenta y pasional que jamás habíamos sentido. Nuestros mojados y sudorosos cuerpos se entrelazaban entre sí como piezas no correlativas que encajaban a la perfección.

Por algunas horas, olvidé todas mis aflicciones, no había pesadumbre alguna en mi cuerpo. Por un momento fui incapaz de sentir.

Teníamos tanto en común, ambos profanamos nuestros matrimonios sin culpa alguna. Vivíamos entre certezas que desconocíamos y venerábamos la adyacencia del peligro. Mientras mecía su cuerpo en mis brazos, no lograba consagrar ningún pensamiento, todo era vacío, un existencial y hermoso vacío. Me preguntaba: «¿Qué tan diferentes serían nuestras vidas si pudiésemos dejar la lógica a un lado? Esa imaginaria línea que nos separa de la existencia de la felicidad, del concepto de lo mágico, de lo honesto de la mentira, de lo complejo de la simpleza».

En cierto punto, al menos lográbamos dignificar nuestro dolor sabiéndolo elegido por nosotros mismos. Impusimos las propias condiciones en la pena y nos creíamos fervientes admiradores de lo ajeno. Qué manera más vulgar de exteriorizarse a uno mismo, intuyendo que la oscuridad es la única luz en el camino o, peor aún, asumiendo que es el camino en sí.

Aun así, qué bella es la sapiencia del amor, esos dulces encuentros de vidas paralelamente desconocidas. Bendito es el momento de resignarse al sueño, y soñar con ese rostro desconocido de la amada perfecta, con la irracionalidad del amor, con esa sonrisa que aún no conocemos. Me encontraba en un breve pero intenso estado de vigilia.

XXVIII

Las penas del Álvaro

Capítulo décimo séptimo

Las ratas se hacían escuchar en las silenciosas noches de invierno, deambulaban por los techos y, a veces, se dejaban ver por los pasillos. Todos los objetos inanimados cobraban vida al caer la luz, cada macabra sombra era un potencial monstruo. Aunque los verdaderos monstruos usaban uniforme, portaban macanas y ocultaban su mirada bajo grandes gorras azules con una estrella plateada en su centro.

Cada día que pasaba veía cómo se alejaba la concreción de su propósito. Emma brillaba por su ausencia. Todas las premisas hacían notar que la joven pasaba sus horas en su oscuro cuarto del segundo piso o en la sala de actividades, lugares a los cuales Álvaro no tenía acceso. Durante meses observó atentamente cada movimiento de los enfermeros, de los médicos y hasta de los visitantes. Supuso que las divisiones de sala eran en base a diagnósticos y no a sexo o edad como creía hasta el momento.

A raíz de este nuevo descubrimiento, Álvaro empezó a retraerse. Ya no hablaba con sus compañeros, ni con su psicólogo y extrañamente emitía sonido. Soportaba las golpizas nocturnas con un semblante admirable. Estaba entrando en un punto de no retorno. Escribió una larga carta, con un lápiz que había escondido en su media, para su incondicional amiga Gladys, explicando el porqué de su nuevo comportamiento, pero tuvo que tirarla por el retrete en la última revisión del cuarto. La dosis de los medicamentos fue elevándose progresivamente y así la distancia del joven con la realidad. Cada vez le costaba más escribir y cada funesto intento de lectura le parecía imposible. Algo estaba mutando en su cabeza y no sabía bien qué era. Se notaba igual pero distinto a la vez.

«Intentaría verlo a tu manera pero quizá cambie de idea así que me encierro en la mía».

Logró anotar con un crayón rosa en un cuaderno de dibujos para niños, esa fue su última intervención en papel en mucho tiempo.

Los instantes eran eternos y la eternidad un influjo incandescente de dolor incombatible. No tenía conciencia del tiempo y hasta, a veces, olvidaba el porqué de su estadía. Su objetivo se veía seriamente comprometido gracias a su desequilibrado estado mental.

Ese veintidós de agosto de 1959 por la mañana, uno de los guardias apellidado Cabral, como aquel valiente sargento, le arrojó un vaso de agua para despertarle y avisarle de que tenía visitas. Ya sus reacciones eran inexistentes. Inundado en la costumbre de los maltratos, se levantó sin siquiera gruñir o expresar queja alguna. Bruscamente fue trasladado hasta la sala de visitas, donde lo esperaban en una banca el Flaco Mancuello y el Bocha, Adrián Carmona. El joven no pudo evitar sonreír al verlos y fundirse en un abrazo grupal. Por un instante olvidó su actuación, dejó de lado su presente y regresó a su adolescencia, a las frías noches de Mar del Plata, al bar de la calle Corrientes.

—Así que Albertito se llama ahora el pelotudo —inició la conversación el Flaco, mientras tomaban asiento frente a la ventana.

Álvaro los miraba idolatrándolos. Extrañaba los elementales y cariñosos agravios de Mancuello que siempre recaía en las mismas diatribas, pese a la exacerbada cantidad de recursos que manejaba debido su amplio historial barrial.

—¿Y boludo? ¿Cómo andás? —prosiguió Carmona—. Tenés una cara de hecho mierda terrible.

—¿Viste? No traje la camisa —interrumpió el primero.

El joven Mansilla tomó una gran bocanada de aire y suspiró, mostrando una amplia sonrisa. Sus dientes se veían algo amarillentos. Sus ojos se cristalizaron, la emoción de ver a sus dos mejores amigos frente a él lo venció por completo. Movía la cabeza anonadado pero sin emitir sonido algún. Esperó a que el último enfermero saliera.

—Son unos hijos de puta —balbució —. ¿Qué hacen por acá?

—Vinimos a ver la pelea de Cirilo Gil y Thompson al Luna Park y de paso a visitar al pelotudo de Albertito —repuso rápidamente el Flaco Mancuello.

—¿Y? ¿Quién ganó?

—Es hoy la pelea, salamín. Salimos de acá y nos vamos al estadio.

—¿Estás bien —preguntó Carmona bajando la voz.

—La verdad es que no, mis días son cada vez más largos y penuriosos, el aura de este lugar está consumida por el dolor y la violencia. Siento que de a poco mi alma se desconecta de mi cuerpo dejando vagar a mi espíritu por laberintos oscuros y sin salida. Me cuesta recordar cosas que jamás había olvidado y la felicidad es tan solo un empolvado recuerdo en lo que sea que se encuentre en mi pecho —informó Álvaro con la más impersonal de las expresiones—. Pronunciar palabras como estas cada vez me es más difícil. Hace casi tres semanas que no hablaba con nadie, más que conmigo mismo. Todas las noches, antes de dormir, intento recitar cuentos o fragmentos de mis libros preferidos para no olvidarlo todo.

—¿Son las pastillas de mierda esas que te dan, no?

—Sí...Tengo el presentimiento de que en unos meses más ya no podré hablar con nadie, ni recordar nada.

—Dios mío, Álvaro. ¿Qué estás haciendo?

El joven ya no simulaba tener el control, como en un principio, ya lo intuía perdido hacía tiempo.

El rostro de contornos indecisos de Adrián se desdibujó y apenas entre lágrimas y flemas pudo golpear la mesa con su puño cerrado, soltando su cólera en un grito mudo. Álvaro rápidamente le tomó la mano, calmándolo como un niño que es acogido por su madre.

—Los quiero mucho —susurró el joven entre lágrimas.

—Volvamos a Mar del Plata —rogó inútilmente Mancuello con los ojos inyectados en sangre—. Ya está, Álvaro, no te puedo ver así. Vamos.

Entendiendo su prerrogativa procuró no preocuparlos más y esgrimió algunos malos argumentos sobre el amor, sobre el destino de los enamorados. Se sumergía en teorías sobre determinaciones que carecían de sentido. Alegaba la locura, el infortunio, como medios necesarios para el corazón del desventurado. Sus amigos lo escuchaban boquiabiertos. Exteriorizaba de manera sentida un sentir inentendible. Fue, quizá, en aquel momento que ambos entendieron que no habría palabras que pudieran mediar su decisión, acaso no existían los argumentos que lo hicieran volver atrás, ya que ni el más duro de los metales, ni el diamante más puro, son más fuertes que la perseverancia del enamorado.

Nuevamente se entrelazaron en un fraternal abrazo, se despidieron, prometiendo volver pronto. Ese día Thompson noquearía a Cirilo Gil en el quinto asalto y conquistaría el título de Campeón Argentino.

Tras la visita, el doctor Romero se acercó a Álvaro y le explicó lenta y cariñosamente que iba a ser trasladado a una nueva área de la clínica donde tendría nuevos compañeros con los cuales interactuar, que sus pertenencias, apenas algunos cuadernos y libros para niños, serían mudados a un piso superior y que su horario de visitas sería reducido. Álvaro fingió no entender lo que le decían pero su interior rebosaba de felicidad.

—¿La habitación huele a humo cuando llueve? —interrogó el joven.

—No, no huele a humo cuando llueve —respondió Romero acostumbrado a las extrañas preguntas de los pacientes.

Con la ayuda de Susana, lo levantaron de su asiento y lo guiaron hacia la puerta conjunta que separaba los ambientes. Atravesaron la habitación impregnada de un olor frutal, con un paso sumiso y vertiginoso. El doctor frenó frente al ventanal que daba a la avenida y depositó al joven sobre una silla mecedora de madera blanca algo desgastada. Lo dejaron solo. Pasaron apenas unos minutos cuando se abrió la puerta y comenzaron a ingresar otros pacientes. Pacientes que jamás había visto. En su mayoría, no se podían valer por sí mismos, ni siquiera para caminar, todos venían acompañados de algún terapeuta o guardia. Excepto ella, la última de la insípida fila, con el cabello recogido en su totalidad, ocultándose sobre una gorra de tela blanca que pecaba contra la naturaleza al cubrir esos ondulados rizos rubios.

Qué maravilloso el azar, qué azarosa la vida. Se volvieron a encontrar pero esta vez en la posición del otro. Emma parada frente a él, y él sentado en la mecedora donde la vio la primera vez que entró en esa institución. Quiso abalanzarse sobre ella y decirle cuánto la amaba y cómo fracturó su corazón una y mil veces el hecho de creerla perdida. Que no soñaba una vida sin ella. De lo dichoso que se sentía al tan solo pensar en su amor. Pero no lo hizo.

Ella caminó hacia él, como siguiendo una línea invisible pintada en el suelo. Ya enfrente, abrió la boca para mostrar su sonrisa. Aquella mirada angelical lo devolvió a la inocencia, a esa efímera sensación donde nuestro pasado se desvanece ante el porvenir inmediato. Entusiasmado por su propia alegría se levantó, sus ojos se encontraban tan cerca que sus narices casi se chocaban y sus labios se entrelazaban en la dulce costumbre del beso eterno. Álvaro la observaba tan fijamente que parecía no pestañar. Su vida, como quien se encuentra en las puertas del umbral al más allá, pasó frente a sus ojos, y los únicos recuerdos eran los de ella. Porque de ella era su corazón. Álvaro se olvidó de Alberto, de su actuación, de su pasado y de su presente. Y susurrándole al oído confesó:

—Soy yo Emma, Álvaro.

Emma parecía estar esperando ese momento con la misma intensidad que Álvaro.

—Albertito, ella es Emma— los presentó Romero todavía en la distancia.

Los ojos de los enamorados no abandonaban su tarea y seguían inmersos en un mar de descubrimientos alegóricamente platónicos. ¿Cuántas veces tendrían que soportar ese primer encuentro tan hermosamente triste? No ha sido cantado el tango que describa esa soledad. No es nombrado aún el sentimiento que sienta esa sensación.

Él no dijo nada. Ella aplaudió al escuchar su nombre.

—Ahora Emma tendrás que compartir tu mecedora con Albertito, porque él también la necesita —avisó antes de retirarse a la mesa contigua.

El catedrático los dejó solos de nuevo. Álvaro se levantó y dejó que ella ocupara su lugar.

Él tomó su mano y la depositó en su pecho, los latidos eran el martilleo perfecto de un corazón encantado. Emma apretó su mano y gruñó encorvando las cejas. Con su otra palma Álvaro corrió la lágrima que comenzaba a deslizarse por la mejilla de la hermosa joven. Cuán mágico momento. Ambos lagrimeaban con tanta alegría como tristeza. Se sentaron juntos, tan solo unos centímetros los separaban. Ninguno probó su té. Ninguno movió un músculo por los siguientes veinte minutos. El avistamiento terminó, el doctor observó su comportamiento y concluyó que estos encuentros serían fortuitos para los comportamientos de ambos.

Durante diecisiete años compartieron sin falta el té de las cinco.

XXIX
Hostil

Qué mal sueño he de tener esa noche, qué pesadilla tan tétrica invadió mis pensamientos, que solo se alivianaron con el despertar repentino.

En un atardecer primaveral caminaba de la mano de mi pequeña hija por las playas de algún paraíso tropical. Mis pies se hundían en la arena y los de Josefina vagaban entre salpicones de agua. Ella apretaba muy fuerte mi mano y sus piernas se encontraban ligeramente desproporcionadas. Soñaba dentro de mi propio sueño jamás soltarla. En un segundo, el sol dejó de brillar, el mar se volvió gris y retrocedió como obedeciendo a algún tipo de dios, dejando tan solo arena negra en su retroceso. Por un segundo perdí de vista todo a mi alrededor, había desaparecido completamente de aquella playa. Se comenzaron a oír voces macabras de seres opacos. Mi hija ya no estaba a mi lado, apenas podía escuchar su llanto en la lejanía. Mi cuerpo se estremeció hasta quedarse completamente quieto. El horizonte se desvaneció llevándose todo a su alrededor. Mis amigos, mi hermano, mis padres, todos estaban allí, tan cerca de mí que casi podía olerlos. Hablaban entre sí, como siguiendo un extraño libreto, del cual no podía entender ninguna palabra. Al rato me di cuenta de que todos vestían de blanco, como si fuese una boda. Intenté un abrazo con mi hermano, que lucía igual que cuando éramos niños, pero el intento fue en vano, luego corrí hacia mi madre y el resultado se repitió. Los atravesaba como si fueran luces.

Al despertar, la realidad no distaba tanto de la fantasía, mi pequeña hija no estaba y hacía semanas que no escuchaba su voz. Melisa ya no se encontraba a mi lado, apenas una maraña de sábanas sucias yacían sobre el otro lado de la cama. Y ese sueño había sido la representación más fidedigna de mi vida.

Estaba cansado a pesar de haber disfrutado de un descanso profundo. La luz se metía en la pieza entre las hendijas rotas de la persiana que desembocaba a la calle 3 de Febrero. Con algo de resaca, pude levantarme penosamente, tomé la ropa debajo de la cama y caminé unos pasos hacia el baño. Cargué mis manos de agua y la arrojé violentamente contra mi rostro. Las gotas se escurrían por mi quijada, uniéndose en la punta de mi mentón formando una especie de gotera. En ese momento, me vi reflejado en el espejo como jamás me había visto. Mi barba despareja denotaba rasgos de una vejez prematura. Acaricié mis pómulos suavemente estirando hacia abajo mis negras ojeras. Mordí mi labio inferior y esbocé una agónica sonrisa.

Los vidrios comenzaron a caer sobre el lavado de loza blanca, mi ira contenida golpeó a puño cerrado el espejo que devolvía esa imagen tan despreciable. Sentí una punzada en la boca del estómago, como si estuviera por transformarme en algo. Respiré y solté el aire casi con la misma violencia con la que golpeé el espejo. ¿Cuánto dolor cargaba en mi pecho? Me preguntaba.

Cuando el abismo se atisba tan cercano, ciertos matices de la vida van perdiendo color. Sin caer en el raciocinio de lo impuesto, la soledad florece en avatares dispares, melancolías, aficiones y sensaciones un tanto marchitas, por así decirlo. No creo en absolutamente nada más allá de mi propia desesperanza. Algunos recuerdos se trasmutan de tanto olvidarlos. Qué bastarda y anárquica es la convertibilidad sentimental, las bellezas más puras se mudan en resquemores indelebles. Imagino sin sonrisas un futuro algo más justo para una persona como yo.

Vino a mi cabeza la imagen del cuadro del general Perón junto a Evita y, con ella, las ganas de finalizar mi lectura. Recorrí visualmente la habitación, prendí las luces, abrí las persianas. El libro había desaparecido. Pensé que alguien lo habría robado pero quién encontraría valor en un sucio libro viejo. Cuando comenzaba a desesperarme, deslumbré la posibilidad de que Melisa se lo hubiera llevado. «Tiene que haber sido ella», pensé. Calcé velozmente mis zapatos y salí a su encuentro. La casa que compartía con su marido no se encontraba tan alejada de la pensión. Caminé unas treinta cuadras bajo un dispar sol de otoño. Sabía que no sería bien recibido, aun así no me importó. La ciudad, como todos los domingos de marzo a noviembre, se encontraba desierta.

El timbre resonó de forma repetida, se podía escuchar con claridad desde la puerta.

—¿Quién es? —preguntó una extraña voz desde adentro.

—Víctor, el marido de Isabel —contesté con improvisada velocidad.

Al escucharme a mí mismo, reparé en mi situación: ya no era más el marido de Isabel. Pensé en corregirme pero ya era tarde e innecesario. La puerta se abrió haciendo crujir las desaceitadas bisagras que la sostenían.

—Mirá vos, quién apareció —pronunció desafiante Mario.

—Tanto tiempo…

Durante unos segundos nos analizamos en silencio. La tensión era evidente. Tragué saliva, di un paso hacia atrás y, apretando mi puño, pregunté por el paradero de Melisa.

—¿Qué mierda te importa?

—Escúchame, Mario —intenté apaciguar la situación, pero él soltó un golpe que impactó directo en mi rostro.

Rocé con el dedo índice la comisura de mi labio y vi el reflejo de mi propia sangre. El furioso esposo se abalanzó sobre mí como un animal dirigiéndose a su presa. Logré un esquive veloz con un movimiento casi serpentario rememorando mis días de boxeo amateur, y evité la primera serie de golpes. Pude sentir el aire de su puño pasando por mi cara. Mario se encontraba notablemente alcoholizado. Los vecinos que paseaban por las calles del barrio observaban curiosos la pelea. Entre puñetazos y empujones nos trasladamos hasta el borde de la vereda.

—Te voy a matar, hijo de puta, te juro que te voy a matar —gritaba rabioso ante la atenta mirada de una pareja que pasaba a mi lado.

—¡Basta! —clamó una voz desde la puerta de entrada. Era Melisa.

Mario escupió algo de sangre, la miró rechinando los dientes y, antes de decir alguna palabra, abrió la puerta del Volkswagen Pointer gris ocre que estaba estacionado frente a la casa y huyó a toda velocidad.

Allí me encontraba, parado frente a personas que me miraban como a un perro a punto de ser sacrificado. La camisa ensangrentada y el rostro transpirado. Melisa se dirigía hacia mí con la mirada sumergida en rabia. Supuse otro golpiza en mi futuro.

—¿Qué haces acá? —repitió dos veces mientras extendía sus brazos.

—Vine a buscar el libro.

—Sos un egoísta, hijo de puta, ¿sabías? —continuó— ¿no me podías llamar?

Al girar la cabeza, su cabello se apartó y dejó ver un gran hematoma en su mejilla izquierda. Al apreciarlo mi garganta se cerró. Era yo el culpable de aquel aberrante crimen. Intenté abrazarla, pero me alejó de un empujón. Entró en la casa y rápido volvió a salir arrojándome violentamente el libro.

—Ahí tenés tu libro de mierda. No te quiero ver nunca más por acá —gritó mientras el manuscrito caía a mis pies y ella cerraba de un portazo.

Ya con la obra anónima en mi poder, encaminé mi paso hacia la escollera donde hacía unos días había comenzado a explorar la historia de Álvaro. Creí que sería ideal terminarlo en ese mismo lugar. Tan solo restaban tres capítulos.

XXX

Cimas V

¿Existe el karma en el amor? ¿Habrá justicia en los corazones de los desventurados?

¿Por qué es tan irreal la mentira del olvido?

Motivemos al amor, al abrazo sin motivo. Creámonos únicos, puros e irracionales. Fracturemos nuestro corazón una y mil veces, hasta que ya no importe por qué lo rompimos por primera vez.

Que todo amor sea el primero y que cada despedida la última.

Seamos inmunes a la tristeza y voluntariosos en la felicidad.

En cada esquina, a través de cada mirada, una historia no se cumple, un amor no se completa. ¿Por qué el destino se empecina en encaminarnos una y otra vez en dirección contraria?

En la que siempre tomaremos la decisión equivocada y elegiremos errados vez tras vez.

Busquemos argumentos donde no los haya. Racionalicemos lo imposible para creernos cuerdos.

Aquellos pactos que hemos firmado, esas condenas a las que fuimos sentenciados sin siquiera saberlo. La eterna tristeza del efímero recuerdo.

Emborrachemos de vino nuestro corazón y alimentemos de deseo nuestra alma. Aventurémonos en empresas imposibles, en tratos incumplibles, en amores incomprensibles.

Enfrentémonos a la tiranía de la normalidad sabiéndonos perdedores.

Seamos inocentes en todos nuestros delitos. Creámonos victimarios de nuestros propios victimarios. Inquebrantables despedazados en mil partes.

Qué elocuencia la del abandono, la de la soledad.

¿Con cuántas historias tropezaremos antes de descubrir la verdadera? ¿Existirá, acaso, la historia que nos haga completamente dichosos?

Pensemos al amor tan solo como una sucesión de reemplazos. El intento de cambio constante de sentires, comprendiendo imposible de romper las cadenas de lo ausente.

XXXI

Las penas del Álvaro

Capítulo décimo octavo

Fue ese veintiocho de abril del 76 cuando recibió la peor noticia de su vida: Emma había fallecido mientras daba a luz al hijo que clandestinamente engendraron.

Pero volvamos el tiempo atrás, un año tan solo. A principios de 1975, Emma se ausentó como nunca antes a sus encuentros de merienda. Álvaro lo creyó raro, pero no sospechó nada fuera de lo común, tantos años de medicación habían destruido su perspicacia. Al siguiente día, nuevamente Emma volvió a faltar. El joven, ya devenido en un ojeroso adulto, preguntó a un enfermero por el paradero de su amada. No recibió respuesta alguna. Ese día, el doctor Delgado, sucesor de Ernesto Romero, lo llamó a su despacho para su, ya usual, terapia personal de jueves por la tarde.

El doctor, pese a no ser muy alto, poseía una gran figura. Hablaba poco y de modo austero; aun así, parecía más inteligente que el resto de los médicos con los que Álvaro había tratado a lo largo de los últimos años. Era una de esas personas que emanan seguridad en todo menos en sí mismo.

—Adelante, Alberto —invitó en un tono cálido, indicando con la mano el fondo de su despacho—. Debes estar preguntándote por el paradero de Emma, ¿o no? —continuó retóricamente mientras tomaba asiento.

Álvaro se limitó a asentir con la cabeza y el leve esbozo de una sonrisa.

—Hace una semana, Claudio Argón, el padre de Emma, viajaba rumbo a Río Mayo junto con su hijo, Marcos. En una de las curvas, perdieron el control del auto y volcaron sobre la banquina. Ambos fallecieron en el acto —el catedrático se levantó y aproximándose a Álvaro le acercó un vaso de agua—. Aún no se lo hemos dicho a Emma —prosiguió—. Tu relación con ella es mucho más fuerte que la de cualquier otra persona en este hospital y quizá en el mundo. Tú eres su único lazo con la realidad, Alberto.

Álvaro lo miró fijo, con un parpadeo velozmente dispar. Inclinó la cabeza hacia atrás, pasó su mano izquierda por su rostro acomodando sus cabellos detrás de sus orejas.

—No entiendo —tartamudeó—. ¿Dónde está?

—Ella está en su habitación, quiero que vos le comuniques la noticia.

Desde el momento en que la policía le informó del acontecimiento, Delgado debatió consigo mismo si sería apropiado anoticiar a Emma sobre el fallecimiento de sus familiares o tan solo ignorar el suceso para no perjudicar su estabilidad mental. Tras días de reflexión, concluyó que sería un acto nefasto e inhumano engañar a un paciente, sin importar su condición o estado.

Desde la renuncia del doctor Romero, allá por principios de la década del setenta, Álvaro había entablado una excelente relación con su sucesor. Dejó atrás la mentira de su falta de habla y comenzó a comunicarse más abiertamente. Seguía, aún, simulando la mayoría de sus síntomas.

—Si usted cree que es lo correcto —balbuceó.

—Sí, Alberto, creo que es la decisión correcta.

Delgado salió de la habitación para volver en un santiamén escoltado por una de las enfermeras.

—Elsa, por favor, acompañá a Alberto a la habitación de Emma Argón y procurá que nadie los moleste por dos horas—. Ordenó amablemente el catedrático.

Esa caminata envolvió de nervios a Álvaro ya que jamás había estado en una habitación a solas con su amada. La joven enfermera abrió lentamente la puerta del cuarto número once del segundo piso y allí estaba ella. Con una bata color crema y su cabello recogido en un suave rodete, sentada sobre una silla de mimbre a un lado de la cama. Sus manos apoyadas en sus rodillas y la cabeza gacha, como quien no espera ser esperado.

La puerta se cerró tras él, Emma levantó la cabeza con esfuerzo y, al verlo, mostró sus perlinos dientes en una expresión a la cual no le cabían los adjetivos.

Con lento y difícil paso, Álvaro se acercó escuchando el sordo retumbo eterno de sus propias pisadas. Se arrodilló a sus pies y, tomando con ambas manos la parte inferior de su rostro, pronunció las sublimes palabras del amor:

—Te amo, Emma.

Ella lo miró dulcemente, con sus ojos inundados en las salinas aguas de la emoción y recitó con notorio esfuerzo.

—Amo.

Acto seguido, sus labios se acercaron, sus mejillas se cubrieron de un rubor divino y adolescente. La acarició con los nudillos, tomó unos centímetros de distancia para sonreír y derramar algunas lágrimas bajo la luz de su mirada. La sangre corría más deprisa por sus venas.

El deseado momento había llegado, maldito el motivo que los había encerrado en esa habitación pero glorioso el destino lúgubre que los unió.

Álvaro enmudeció. Pensativo la miraba lloroso, no pudiendo establecer la realidad en aquel suceso. Casi sin darse cuenta, se acostaron. Ella abrazó a su amado por detrás como un niño aferrándose a su oso de peluche. El volteó, para poder respirar su cálido aliento y arrullar sus rizos.

Los jardines celestiales del edén se encontraban frente a él. El latido de su corazón sería capaz de derrumbar el más fuerte de los muros o abrir al medio al más impetuoso de los mares. Los sigilosos amantes se rozaban y frotaban sus cuerpos sin miedo al pecado. La tenue luz blanca de la luna entraba por la enrejada ventana y reposaba como un suave esplendor sobre la cama. Los enamorados se bañaban en ella. La danza del amor, al fin, había tocado las puertas de sus cuerpos. Sus labios chocaban con sumisa suavidad y sus sexos se frotaban por entre las sábanas bombeando cada vez más sangre hacia su corazón y sus genitales. Álvaro la trató con la sutileza y delicadeza que requiere una muñeca de porcelana. No sintió en ningún momento culpa o algún sentimiento que le dijera que lo que estaba haciendo era incorrecto. Se abrazaban con fuerza, con conciencia pero, sobre todo, lo hacían con pasión. Ambos sintieron como cada músculo de su cuerpo se dibujaba en su piel. Con una entereza por la cual podrían morir sin arrepentimientos. Admiró su figura semidesnuda contorneando entre las sábanas blancas, y en ese momento quedó prisionero de su cuerpo para siempre. Luego de hacer el amor la abrazó y besó su cuello susurrando que ese era el día más feliz de su vida.

Advirtiendo en sus pensamientos la alerta de una posible irrupción en la habitación siguió al lado de Emma, sin que nada importara en absoluto. No analizó represalias ni se apresuró en conclusiones.

Maldijo una y mil veces las falacias que los separaban. Quizá saber de la exclusividad e iniquidad de aquel momento, hacía el no disfrute completo del mismo. No dejaba de preguntarse por qué debía esconder su amor. Arraigado a su felicidad y al millar de sentimientos que atravesaban su pecho, tomó la mano de Emma y la apoyó sobre su corazón, que parecía salirse de su pecho.

—Mi Emma —suspiró entre lágrimas—. Mi amada Emma, si pudiera expresar en palabras mi amor hacia ti, lo haría, sin duda lo haría. Aunque no me hables mi corazón escucha tus palabras. Te amo. Ya no quiero pensar, no quiero analizar. Que sea tuya mi vida.

Él la apreciaba obnubilado. Estaba viendo llorar a un ángel, tristemente hermoso.

En la lejanía oyó unos pasos, supuso que el tiempo se le acababa. La besó por última vez, antes de que la puerta se abriera y anunciara el regreso de la enfermera. Entre lágrimas se alejaron. Ella, sentada sobre su cama, no registraba ningún otro movimiento más que el parpadeo de sus ojos. Su cabello lucía despeinado y su mirada perdida. Insinuó algunas palabras que Álvaro no llegó a escuchar. La enfermera lo llevó nuevamente al despacho del doctor Delgado.

—¿Qué pasó? —indagó el catedrático al notar la palpable emoción en su rostro.

—La vida —respondió, volviendo al tono de voz que había decidido abandonar hacía más de quince años—. El amor, eso pasó.

Delgado, algo sorprendido por la respuesta, inclinó aún más su silla. Enmarcó las cejas y lo observó en silencio entre el breve hueco que separaba la nariz de sus lentes.

—Ya era hora. Hace años estoy esperando que dejes de mentir, tanto a mí como a vos mismo. Sé que tu nombre es Álvaro Mansilla y que no sufrís ningún trastorno mental, mas sí sentimental.

—Pero…

—Nos pudiste engañar durante años, debo admitirlo, pero no así a la ciencia. Tu nivel de oxitocina es normal o superior al de cualquier otra persona. No careces de sentimientos, los experimentas exacerbados.

Álvaro, sorprendido ante la confesión, amagó a levantarse, pero rápidamente abandonó la idea. Delgado lo contemplaba con beatitud.

—¿Hace cuánto lo sabe?

—Unos años, igualmente no puedo llevarme el mérito total, el doctor Romero fue el primero en sospechar de tu engaño. Con entidad y efervescencia discutimos mucho sobre qué hacer al respecto. No encontramos motivos válidos para que abandones la institución, menos aún al ver la sorprendente evolución de Emma.

—¿Romero sabía? —preguntó entre dientes.

—Sospechaba. No tenía certezas, pero sí muchas dudas acerca de tu comportamiento. Decidimos no interferir y esperar tu confesión, sin presiones.

—Y ahora que lo sabe, ¿qué va a pasar?

—No lo sé todavía —contestó fríamente mientras acomodaba una lapicera en el bolsillo izquierdo de su impoluto guardapolvo blanco—. No creo que nada cambie demasiado, si tú no quieres.

Al escuchar su tajante respuesta, sonrió irónicamente, entendiendo la difícil situación en la que se encontraba. Mordió su labio inferior, en una clara señal de nerviosismo. Parecía incapaz de contrarrestar cualquier argumento en su contra.

—Álvaro, tengo que decirte algo y espero que no lo tomes mal. No fueron los padres de Emma los que fallecieron —continuó lentamente el doctor—, fueron los tuyos.

—¿Qué?

—Lo siento mucho. Ayer por la mañana recibí un llamado desde Mar del Plata informándome.

—¿Qué pasó? —susurró dejando caer las primeras gotas de tristeza sobre su mameluco gris.

—Una explosión de gas en el edificio, al menos eso es lo que dicen las autoridades. Mañana a primera hora trasladarán sus restos al cementerio de La Loma en Mar del Plata. La persona que llamó no quiso decir su nombre, pero sospecho que debía ser el señor que solía visitarte durante tus primeros años de internación.

Cubriendo su rostro con las palmas de su mano, movía su cabeza espasmódicamente y exhalaba con dificultad el escaso aire que aspiraba por sus fosas nasales. El silencio se hacía escuchar entre los prolongados e indescifrables aullidos de Álvaro.

—¿Puedo? —musitó señalando la caja de pañuelos que se encontraba apoyada sobre el escritorio.

Sin pronunciar palabra alguna, el médico alcanzó con un breve empujón la caja hacia él.

El ocaso de la tristeza había chocado con el crepúsculo de su felicidad. La triste noticia opacaba quizá el momento más feliz de su vida. El eclipse de sus emociones era invadido por el tedio de la realidad.

Las imágenes se agolpaban en su cabeza, tantos recuerdos olvidados, tantas vivencias reprimidas. Al levantar el ceño y descubrirse el rostro, se notó solo en la habitación, ya no más en el despacho, sino en su propio cuarto. Allá en Mar del Plata, lejos de todo, lejos de Emma.

Intentó con sus manos abrazar la campera de *jean* blanco con la que solía ir al bar. Fue en vano, sus palmas atravesaban la campera, la pared, todo lo que intentaba alcanzar era intangible. Todo se encontraba exactamente igual que aquella mañana en la que había decidido abandonar la casa.

Por la puerta, llena de agujeros de chinches y cinta adhesiva, atravesó Cristina, sonriente como nunca recordó ver, tras ella su padre cabizbajo como siempre. Se sentaron a su lado. Álvaro apoyó sus cabellos gruesos y grasosos sobre el regazo de su madre. Lamentó cientos de veces su falta de comprensión, de tiempo y sobre todo de amor. No sentía arrepentimiento por sus decisiones sino que reflexionaba profundamente en ellas. El sollozo era interrumpido por las miradas silenciosas. Su madre lo apreciaba sonriente, notoriamente feliz.

—Es ella, hijo, es ella —susurró a su oído.

Casi sin darse cuenta, volvió en sí. Dos enfermeros lo arrastraban por las escaleras hasta su habitación. Propuso soltarse pero no pudo. Los empleados apretaban fuertemente sus dedos contra sus antebrazos. Lo depositaron de un empujón en el piso de su cuarto. Luego ya rendido a sus pies, le inyectaron en el cuello una gran dosis de fenitoína para contrarrestar el ataque epiléptico que había tenido en el despacho de Delgado. A duras penas gateó hasta la cama.

Al cerrar los ojos, advertía una infinita gama de rojos que giraban a su alrededor decorando su inconsciente. Percibía los escasos objetos cercanos de manera difusa y su sentido de la orientación había desaparecido por completo.

Trascurrieron minutos, tal vez horas, hasta que Álvaro pudo reincorporarse. El tiempo era soluble en aquel momento. Golpeó fuerte y repetidamente su cabeza contra la puerta de la habitación, gritaba garabatos verbales sin sentido, onomatopeyas indescifrables.

La sangre se deslizaba danzante sobre su frente y caía en cuentagotas por su esbelta nariz puntiaguda. Al llegar al extremo superior de sus labios, saboreó el fruto de sus heridas, casi con orgullo. Pasó su dedo índice por la herida y luego empezó a diagramar el nombre de su amada en la pared con su propia sangre.

«EMMA», apenas se llegaba a leer entre los manchones y salpicones rojos.

En la distancia oyó que alguien se aproximaba, se mantuvo en guardia como a la espera de un contrincante. La lucidez lo había abandonado.

Con los ojos hundidos, observaba cómo lentamente giraba el pestillo. Estaba al acecho. Por un momento se había convertido en una criatura salvaje.

La madera de la puerta rechinaba con un sonido más agudo que de costumbre, tras ella se dibujó la figura, algo difusa, del doctor Delgado.

—Permitime ayudarte, Álvaro —fraternizó estirando su mano derecha.

—No, ya nadie puede ayudarme, doctor.

—Déjame que te limpie —dijo mientras apoyaba un extremo del guardapolvo sobre la sangrante herida en su frente—. Así está mejor.

—Quiero ir a Mar del Plata —demandó repentinamente Álvaro mientras daba un paso hacia atrás.

—No creo que sea prudente en este momento.

—Mis padres han muerto y a usted no le parece prudente que me pueda despedir.

—Tu situación es algo delicada…

—Me importa una mierda mi situación —exclamó con los ojos vidriosos.

—Si te vas, no vas a poder volver.

El médico resguardó sus argumentos y acompañó a Álvaro hacia la cama. Ambos tomaron asiento y miraron perplejos la frase ensangrentada en la pared.

—Ella es lo mejor que me ha pasado.

—Sabés, me gustaría poder explicarles a mis colegas tu diagnóstico, pero se me hace indescifrable.

—No hay ciencia que explique el amor, doctor, ni siquiera que lo entienda —masculló entre la cornisa del llanto y la risa, mientras asentaba su cabeza sobre el hombro del catedrático—. Ella es, tan solo es…

—Está bien, Álvaro, tranquilo.

—¿Doctor?

—¿Sí? —contestó Delgado, un segundo antes de cerrar la puerta.

—¿Por qué no me dijo la verdad? ¿Por qué inventó lo de los padres de Emma?

—No lo inventé. El padre de Emma falleció hace tres años, Álvaro, y su hermano hace más de cinco años que no ha venido a visitarla. Desconozco el motivo real de su muerte, por eso inventé lo del choque. Gladys pagó su bono anual y se encargó de la tutoría legal de Emma. Si no fuese por ella no sé lo que hubiese sido de Emma. Acordamos no decirte nada. Hace unos días recibí una llamada anónima contándome lo de tus padres y aconsejándome, de una manera algo rudimentaria, que te dejara ir al entierro. Sigo convencido de que no es la mejor alternativa pero la decisión es tuya. Antes de contártelo, analicé la manera de que el impacto no fuese tan devastador. No se me ocurrió nada mejor que dejarte solo con Emma. De esta manera podrías ver que aquí todavía hay una vida para ti.

—Lo sé —murmuró el joven

—Emma te necesita acá, Álvaro.

Delgado lo convenció de quedarse, de no viajar. Conjeturó que Emma lo necesitaba junto a ella y que no sería lo más acertado aparecer en Mar del Plata luego de quince años, más cuando lo pensaban desaparecido. Esa noche, Álvaro terminó de abandonar su anterior vida. Dejó atrás más de lo que pensaba, pero menos de lo que deseaba.

XXXII

Las penas del Álvaro

Capítulo décimo noveno

¿Quién diría que el epicentro de su felicidad se encontraría en la esbelta pero sumisa curvatura de un vientre? Sin saberlo tenía la certidumbre de que su amor florecía bajo la piel de su amada. En cada merienda discutía unilateralmente posibles nombres para su primogénito. Emma parecía no saber lo que pasaba.

Pasaron los meses y el embarazo dejó de ser una hipótesis para convertirse en una realidad. La futura madre irradiaba una sensación de plenitud propia de una primeriza. Estaba como detenida en el tiempo, parecía no envejecer nunca. Su leve panza apenas se hacía notar tras el batón blanco que adornaba su cuerpo.

Las noches de verano en la clínica se hacían inaguantables. El calor parecía superior en las habitaciones que en las calles. Gracias a una infinita cantidad de súplicas, el doctor Delgado permitió que Emma pasara la Nochebuena junto a Álvaro en una pequeña pero pintoresca mesa en la terraza superior del edificio. Cenaron juntos un exquisito pollo a la portuguesa proporcionado por la cocinera del personal. Eran las veintitrés y cincuenta y siete cuando los fuegos de artificio comenzaron a iluminar el cielo de una desolada Buenos Aires. Emma se asustó un poco. Adosados a su amor parecían eternos. Álvaro pasó su mano por detrás de la nuca y depositó sus labios sobre los de ella. Una pasión innegable sublevaba aquella desprolija azotea. Sin segundos pensamientos, se arrodilló ante su enamorada y apoyó suavemente la oreja sobre el vientre que encaminaba a su primer hijo. Sintió por primera vez el sumiso latido de su hijo.

Ella acarició su cabello entendiéndolo todo. Ambos lloraron sin mirarse a los ojos intuyendo con el corazón las lágrimas de su compañero.

Tres golpes anunciaron el regreso de Teresa, la única enfermera de guardia. Consciente de la situación, los observó en silencio desde la agujereada puerta de chapa. No pudo evitar emocionarse.

Se acercó a los jóvenes contando sus propios pasos y antes de poder decir algo, Álvaro la interrumpió:

—Vivir por amor es la única manera de vivir, no permitas que nadie te diga lo contrario.

—No todos, no todos —indicó ella mientras zigzagueaba con la cabeza y veía cómo los enamorados apretaban fuertemente sus manos.

Teresa, que tenía un desdeñoso aprecio por la pareja, los volvió a dejar solos. Esa noche, bajo la complicidad de todos, durmieron juntos por primera vez.

XXXIII

Las penas del Álvaro

Capítulo vigésimo

El parto se adelantó más de lo que cualquiera hubiese deseado, los médicos hicieron todo a su alcance; la hemorragia era demasiado intensa. Emma falleció en el acto, el poder de la anestesia le permitió no sufrir. Era apenas el séptimo mes de embarazo.

Álvaro permanecía en su cuarto, totalmente dopado, alejado de todo. Un sacudón del doctor Delgado lo retrotrajo a la realidad varias horas después.

—¿Qué pasó? —musitó en claro desconcierto.

Delgado no contestó, aún lo sostenía por los hombros.

—Doctor, Emma está... —intentó continuar—. Lo siento mucho, Álvaro.

El catedrático lo obligó al abrazo, el joven con ansias rabiosas de soltarse, movía las piernas que carecían de fuerza. Estaban completamente entumecidas. Sin volver a mirarlo y con un odio poco fundado, Álvaro le escupió mientras lo insultaba, fue lo único que sus energías le permitieron hacer.

—¿Por qué? —balbució mientras las lágrimas inundaban su rostro.

—Todos queríamos a Emma —repuso Delgado mientras le daba la espalda.

Álvaro lloraba desconsolado, su vida había perdido sentido en un instante. Sujetándose del oxidado esqueleto de la cama, logró ponerse de pie.

—Quiero verla.

—No sé si…

—Quiero verla —repitió firmemente.

Con las manos envolviendo su cintura lo ayudó a incorporarse. Caminaron con dificultad hacia la puerta. De camino a la sala de operaciones, una de las dependencias más recónditas del hospital, Álvaro notó una fuerte presencia militar en los pasillos. No le dio demasiada importancia, estaba ajeno a la realidad del país.

Mucho era el tiempo trascurrido desde que Álvaro decidió internarse. Marchaba uno de los años más sangrientos de la historia del país: 1977. Comenzaba de forma salvaje e inhumana el tristemente llamado Proceso de Reorganización Nacional. Las actas sancionadas por la junta militar a mediados del 76 le daban a los *nuevos dirigentes* la impunidad que necesitaban para desarrollar sus políticas de Estado.

Pasaron un par de minutos hasta que lograron llegar al quirófano. La noche estaba por comenzar y las hojas secas se acumulaban sobre la ventana, indicando la cercanía del otoño. Era uno de los pocos lugares de la clínica en los que nunca había estado.

Álvaro levantó la sábana que la cubría acariciando con la yema de sus dedos el rostro de Emma. Pálido y frío. Recorrió su mentón, frotando lentamente sus mejillas hasta alcanzar sus rubios rizos que caían sobre la camilla que la sostenía. Tomó una gran bocanada de aire y procuró evitar el sollozo. Suspiró a considerable distancia del cuerpo antes de derramar la primera lágrima. Apretó sus manos con la poca fuerza que le quedaba, sabiendo que era la última vez que lo haría. Mordió sus labios al punto de hacerlos sangrar. Sonrió, con los ojos empapados, y la besó.

—Te amo —le susurró al oído.

Detrás de la puerta que les permitió entrar en la habitación, se encontraba un militar de frondoso bigote negro y ojos de macabra mirada. Enfundado en un traje verde que lucía algunas medallas sobre su bolsillo izquierdo, fumaba impunemente un cigarrillo que ya casi llegaba al filtro. Si había advertido su presencia, no lo manifestó, el hombre parecía no pestañar más que cuando exhalaba el humo negro de su boca.

—Te dejamos a solas, Álvaro —manifestó con voz firme y alta Delgado mirando fijamente al uniformado. Este no se inmutó. Entonces el doctor le indicó algo al oído y ambos abandonaron la sala.

Allí estaban otra vez solos en un cuarto, esta vez no era algo mágico, ni soñado. Nuevamente era la muerte la que los unía.

—Perdón, mi amor, perdón —recitó con dificultad mientras sus ojos se cristalizaban.

Infló el pecho y posó su mano sobre el cuerpo sin vida de su amada.

—El día que te conocí supe que ya nada sería igual. Robaste mi corazón y jamás pude recuperarlo. Aquella noche llegué a casa y escribí algo. Algo que nunca me animé a leerte, pero siempre llevé conmigo. Cada vez que pensé que te perdía, lo volvía a repasar y recuperaba las esperanzas de encontrarte. Sé que es muy cobarde leerlo en esta situación. Lo siento.

Álvaro metió la mano en el bolsillo izquierdo de su pantalón y desenvolvió un bollo de papel, bastante magullado por el tiempo.

«Muchacha de rizos perfectos y bella mirada, desconozco su nombre y todo lo que a su vida corresponde. Usted no sabe quién soy y tal vez nunca lo sepa. Pero en esta carta, que ojalá algún día pueda recitarle, le entrego mi corazón de manera inobjetable. Sepa usted que jamás dejaré de buscarla, que intentaré mediante todas mis fuerzas volver a chocar mis ojos contra los suyos. Espero poder ser merecedor de sus caricias o al menos de su mirada.

»Perdóneme si he sido prematuro con mis sentimientos, pero tal es así el amor. Sabe usted, no tuve miedo al verla y saber que no era la indicada o el amor de mi vida, me aterrorizaba mirarla y saber, tener la absoluta certeza, de que quería pasar el resto de mis días a su lado.

»Sin más preámbulos, quisiera presentarme: mi nombre es Álvaro Mansilla y a partir de hoy, 30 de julio de 1952, le pertenece a usted mi corazón».

Volvió a enrollar el papel y lo depositó sobre el pecho de su amada. Apoyó sus rodillas sobre el frío piso de mármol y hundió la cabeza sobre el colchón blanco de aquella odiosa camilla.

Un fuerte golpe se escuchó en la distancia. Al cabo de unos segundos entró en la sala Delgado altamente consternado. Echó una mirada rápida y vio el demudado rostro de Álvaro.

—Se lo llevaron, los hijos de puta se lo llevaron —sentenció.

El menor de los Mansilla pareció no oírlo.

—Álvaro, se lo llevaron —volvió a repetir eufórico.

—¿A quién se llevaron?

—A tu hijo.

Pretendiendo reincorporase, su mano resbaló contra el sujetador de la camilla y cayó al suelo, golpeando su cabeza fuertemente contra el mármol. Rápidamente el doctor corrió en su ayuda y, con la colaboración de dos enfermeras, lo trasladaron a su habitación.

Pasaron varios días antes de que Álvaro despertara de aquella horrible y real pesadilla. Al abrir los ojos se encontró atado a la cama. Unos grilletes tomaban sus tobillos por detrás y los amarraban a las maderas traseras. Sus muñecas revestidas de un cuero marrón agrietado lo encadenaban a los laterales de la estructura metálica del catre.

La oscuridad reinaba en el cuarto y la ira empezaba a desatarse. Gritó. Gritó como nunca antes en su vida había gritado.

No clamaba ayuda, ni piedad. Tan solo pedía por su hijo. Oía apenas risas como respuestas.

Durante los días en los que Álvaro permaneció sedado, un *grupo de tareas*, liderado por el subsecretario de Orlando Agosti, intervino la clínica. El miedo reinaba en un país tomado. Muchos de los médicos fueron traslados a los nunca bien ponderados campos de concentración dispersos a lo largo del país. La institución empezó a ser regulada más estrictamente por el Estado. Muchos de los pacientes fueron echados literalmente a la calle. A otros se les suspendió el tratamiento debido al gasto que estos percibían. Los más afortunados continuaron en la clínica bajo el más precario de los cuidados. Delgado, gracias a su elevado estatus social, mantuvo su cargo.

El recién nacido fue secuestrado y entregado, como lamentablemente se acostumbraba, a una familia sustituta.

XXXIV

Porcelana

Eso era todo; *Las penas del Álvaro* estaba notoriamente incompleto. Revisé las hojas posteriores y lo que seguía eran los capítulos restantes del libro original. Inspeccionándolo minuciosamente, se notaba sobre las grampas que sujetaban al texto que algunas hojas habían sido arrancadas, tal vez el capítulo final. O quizá era una evidente analogía de que todo termina en la muerte; de que todos los finales son tristes, sin importar las personas o los sentimientos. De que todos somos un libro incompleto.

El sol ya había caído en su totalidad y fue el fulgor de la luna el que iluminó los últimos párrafos. Encaré el camino de regreso a la pensión envuelto en una gran paradoja de sensaciones. Todas las conclusiones que invadían mis pensamientos eran sombrías.

Cuando por fin llegué, mi apetito desapareció por completo. Al acostarme, reavivé una de mis viejas costumbres de periodista. Tomé mi blog de notas del fondo de mi maleta, un cuaderno de tapa negra azabache que una de mis profesoras me había entregado al recibir mi título, y comencé a escribir, casi sin pensar, acerca del desventurado muchacho. Era una especie de editorial. Intenté explicar con algún tipo de metáfora el significado del libro. Fue recién cuando apagué la luz y di una rápida mirada a las hendijas de la persiana que hacían entrar algo de luminosidad que entendí lo que debía hacer. Me sobrevino la idea de buscar a Álvaro. La única certeza que tenía era el cuadro de Perón en el restaurante de don Emilio. Al despertar pondría manos a la obra.

XXXV

Cimas VI

¿El amor nos moldea? ¿O nosotros nos amoldamos por los golpes que este sentimiento nos proporciona?

Quien procure sumergirse en las profundidades del mar selvático del romanticismo sabrá en el interior de su corazón que el semblante de lo infinito es tan solo una pequeña parte de nuestro propio amor.

Aturde el silencio de las palabras jamás pronunciadas, de los sentires jamás sentidos. El desmoronamiento de la impersonal lógica nos encierra en el delirio monótono del presente.

No confundamos los impulsos momentáneos con el amor verdadero, con el amor pasión como enunciaba Stendhal.

Que los matices del amor se trasformen en la pureza de los colores más vivos que jamás hemos imaginado ver. Que ya nada sea prisionero de su propia definición.

Evoquemos recuerdos que no han sucedido, ignoremos todo alrededor. Caminemos por la cornisa sin mirar adelante, ni atrás, tampoco a los costados, siquiera a lo que yace bajo nuestros pies.

Sin miedo a caer no existiría la pertinencia de seguir en pie.

No existe fórmula mágica que eleve nuestra alma, no hay más final que el mismo final. No recurramos a propias falacias para justificar nuestros accionares. Amemos tan solo al amar.

XXXVI

Vertiente

La mañana siguiente me levanté con un asombroso buen humor. Sentía que era aquel el proyecto que le devolvería el propósito a mi vida. Tomé un bolígrafo de la mesa de luz e, iluminándome con el cálido sol que entraba por la ventana, comencé a subrayar y recopilar todos los datos que me pudiesen ayudar a encontrar a Álvaro.

La última fecha en la que estaba situado el libro era 1977, es decir, habían pasado treinta años desde la muerte de Emma y casi sesenta desde el comienzo de la historia. Álvaro debería oscilar entre los setenta y cinco años de edad. Tenía tres direcciones físicas por visitar en la ciudad: el bar de la calle Corrientes, el restaurante de Don Emilio y el departamento donde solía vivir la familia Mansilla.

A pesar de haber recorrido dos de esos lugares con anterioridad y no notar nada fuera de lo normal, mi intención ahora era diferente. Primero me encaminé hacia el restaurante donde el joven solía trabajar y me senté otra vez en la mítica mesa contra el ventanal. Observé con ojo de periodista cada mínimo detalle. Fotografié el cuadro del general, supuse que era una conducta común en los visitantes, ya que ninguno de los empleados pareció notarlo extraordinario.

—Le dejo la carta —invitó el aniñado mozo mientras apoyaba el menú sobre la mesa.

—Discúlpame, ¿hace mucho que trabajás acá?

—Unos meses nomás —comentó amablemente volteándose hacia la mesa.

—Mirá vos, ¿conocés al dueño?

El joven me miró sin saber si era pertinente responder aquella pregunta.

—Soy periodista y estoy haciendo un relevamiento de los lugares más emblemáticos de Mar del Plata —añadí—, por eso estoy de visita por la ciudad y me gustaría poder hablar con alguien que me cuente algo sobre la historia del lugar.

—El encargado es el que está en la barra, ahora lo llamo —respondió—. ¿Le traigo algo para comer?

—Un café está bien.

Pasaron unos minutos hasta que el encargado se acercó, mientras tanto aproveché para extender mis anotaciones sobre la mesa.

—Buen día —saludó en un tono más que agradable—. Yo soy Martín, el dueño del lugar, ¿en qué puedo ayudarlo?

—Un gusto, ¿qué tal? —pronuncié mientras estrechábamos las manos—. Soy Víctor Bertolami de la revista *Noticias*. Me han hablado mucho de su restaurante. Es un gusto conocerlo al fin.

—Muchas gracias, mi padre fue el creador de todo lo que ve. Intentamos mantenerlo lo mejor que podemos. Somos algo costumbristas, ¿vio? Es la esencia del lugar.

Martín no debía pesar más de sesenta kilos a pesar de medir al menos uno ochenta. Sus rasgos eran definidos pero armoniosos a la vez. Su sonrisa, algo despareja, contagiaba simpatía. No debía llegar a los cuarenta años. Inmediatamente colocó su saco *beige* sobre el respaldo de la silla y se sentó frente a mí. No pude evitar notar que llevaba una escarapela de la bandera italiana, de proporciones algo exageradas, sobre la solapa.

—Lo felicito de verdad…

—¿Quiere tomar algo? —interrumpió.

—Ya le pedí un café al chico.

—De más está decir que la casa invita.

—Muchas gracias pero no es necesario. La revista se encarga de este tipo de gastos.

—Insisto. ¿Qué es lo que necesita saber?

—Para empezar, tengo algunos datos que me gustaría verificar.

—Dígame, a ver si lo puedo ayudar.

—¿El hombre de aquella foto con Perón y Evita es su padre?

—Sí, sí, Emilio Magazzeni. Don Emilio lo llamaba todo el mundo.

Al pronunciar el nombre de su padre pareció quebrarse, hubo unos segundos de silencio en los que no me animé a esbozar palabra alguna.

—Un gran hombre —continuó—. Muy querido por todos en el barrio.

—Me imagino —comenté sonriendo.

Luego de algunas preguntas en las que intenté aludir a su vanidad y ganar su confianza, comencé con el verdadero interrogatorio.

—¿El apellido Mansilla le suena?

Se tomó unos segundos para pensar mientras acariciaba su barbilla, desprovista de barba en su totalidad.

—No recuerdo ningún Mansilla.

—¿Y Mancuello? —indagué rápidamente.

—¿Guillermo Mancuello?

—El mismo.

—Ese hijo de mil putas, ¿cómo lo conoce?

—No lo conozco —excusé rápidamente mientras el tono de la conversación se ponía algo hostil—. Me dieron nombres de algunas personas que trabajaron acá, entre ellos están Mansilla y Mancuello.

—Mi viejo le dio trabajo durante veinte años a ese tipo, que entre nosotros le digo que no servía para una mierda. Porque ni atendía bien a los clientes. Siempre se quejaban de cómo atendía las mesas, llegaba tarde, se robaba botellas de la bodega y la propina de los otros mozos.

Cuando el mozo depositó el café sobre la mesa, los ánimos parecieron apaciguarse. Martín estaba claramente dolido con Mancuello. El joven no generó contacto visual con ninguno de los dos. Se limitó a dejar la taza junto al tradicional vaso de soda, luego se retiró tan rápido como había llegado.

Levanté mi taza, rozando el bajo relieve que adornaba uno de los laterales y le di un sorbo al café. Demasiado espeso para mi gusto.

—Bien muerto está el hijo de puta.

—Pero, ¿qué es lo que hizo para generar tanto odio?

—Mira, yo era muy chico, pero cuando mi papa enfermó, le agarró cáncer pulmonar que lo fulminó, le pidió que si se podía encargar del negocio ya que mi madre lo cuidaba a él y yo apenas tenía quince años, hasta que se recuperara, ¿y sabés lo que hizo ese hijo de puta?

Negué con la cabeza, intuyendo una posible respuesta que no ayudaría para nada a mi investigación. Martín ya había dejado su posición pasiva en la silla, sus puños cerrados se apoyaban firmemente sobre el mantel de pana roja recubierto por un plástico bastante desgastado. Me observaba fijo, esperando una seña para continuar con su historia.

—¿Qué hizo?

—Desapareció —añadió elevando la voz—. ¿Qué iba a hacer? Si toda la vida fue un parásito.

—No se haga malasangre, hombre. Ese no es el motivo que me trajo a su restaurante.

—Lo sé, lo sé, pero vio cómo es. Uno no puede sacarse ciertas cosas de la cabeza. Hace años que no escuchaba a nadie nombrarlo.

—Me interesaría poder conseguir información sobre Álvaro Mansilla, sé que trabajó a principios de la década del cincuenta aquí. Si me pudiese contactar con alguien que tenga algo de información al respeto se lo agradecería.

—¿Álvaro? Recuerdo haber oído hablar a mi padre sobre un tal Alvarito. Pero la verdad no sé si podría ayudarlo. La mayoría de la gente que trabajó en esa época está muerta o desconozco su paradero. Si quiere déjeme un teléfono y cualquier cosa lo llamo.

Con poco entusiasmo y menos esperanzas aún, anoté el número de la pensión sobre una servilleta y se la entregué doblada por la mitad.

—Pregunte por Astor —le dije.

Formulé algunas preguntas sobre la historia del lugar que contestó sin mucho empeño, ni interés. Parecía ansioso por terminar la conversación. Nos dimos nuevamente la mano y salí por la puerta principal sin haber terminado el café.

Sobre la avenida Independencia, me detuve sobre una pared que anunciaba en aerosol rojo: «Nadie espera en ningún lugar». Sin moverme un paso, abrí mi morral, saqué mi Nikon Colpix y fotografié la frase desde tres diferentes perspectivas sin propósito alguno, actué como si aquella pared fuera vital en el desarrollo de mi tarea. Quizá lo fuese.

Mi reloj marcaba las cuatro menos cuarto, demasiado temprano para visitar el bar de la calle Corrientes. Tras una serie de eficientes conjeturas, concluí que el edificio de la familia Mansilla era el ubicado en Catamarca al mil cuatrocientos. No solo porque era uno de los escasos edificios altos de la zona con ventanas hacia la calle, sino porque era uno de los pocos que tenía más de sesenta años de antigüedad.

Barriendo la vereda se encontraba un hombre de estatura regular y pronunciado abdomen. Su falta de cabello y las ojeras que se extendían por debajo de sus párpados hacían notar un mal paso del tiempo. Su manejo de la escoba era propio de un artista ya que, con vertiginosos golpeteos, arrasaba con todo a su alrededor, empujando de forma brusca y enérgica las hojas sobre la calle.

Al acercarme percibí un fuerte olor a cera sobre su mameluco. El hombre se asemejaba más a un mecánico que a un portero de edificio.

—Buenas tardes —saludé mientras cruzaba la calle a su encuentro.

—Buenas.

—¿Cómo le va?

—Diga —cortó en seco mi saludo.

—Mi nombre es Víctor Mayayo, trabajo para el archivo histórico de la ciudad de Mar del Plata, una nueva división dentro del Museo Roberto Barili.

Asintió con un gesto de cabeza mientras sostenía sus manos sobre la parte superior de la escoba.

—Ajam.

—Estoy haciendo un pequeño relevamiento de las familias más emblemáticas de la ciudad —continué ágilmente—. En fin, estoy tras los pasos de la familia Mansilla, por lo que figura en los registros, ellos poseían una vivienda en este edificio. ¿Me sigue?

—Ajam —volvió a balbucear entre dientes, sin apartar el palo de la escoba de su barbilla.

—¿Sabría usted decirme si…?

—¿Trabaja para el archivo de la ciudad y lo mandan a hablar con un portero? —interrumpió mientras esbozaba una sonrisa algo fingida—. ¿No será uno de esos buitres de las inmobiliarias que se quieren quedar con los departamentos desocupados?

—No, mire…

—La semana pasada vinieron a preguntar por los departamentos del quinto piso con una excusa igual de pelotuda que esa y los saqué rajando.

—Señor, no me interesa alquilar ni comprar nada. Solo estoy reuniendo información de la ciudad —con sorpresa advertí cómo un viejo sentimiento perdido volvía a mi cuerpo. Me sentía nuevamente un periodista. Era aquella adrenalina que solo un entrevistado hostil puede proveer.

—Debería hablar con la Administración antes —reveló de manera más amistosa.

—No hay problema, vuelvo a pasar mañana. ¿Le parece?

—Ajam —concluyó antes de desaparecer por el *hall* del edificio.

Una mezcla de sensaciones análogas se apiñaron en mi garganta. Prácticamente, tenía la certeza de que Álvaro existía o al menos en su momento lo hizo. Eso me motivaba a seguir mi búsqueda. Pero, por otro lado, los datos que conseguía desembocaban en un callejón sin salida.

Apuré mi paso hacia el bar de la calle Corrientes, el tiempo se había desvanecido y ya eran casi las ocho de la noche.

El ambiente nocturno en el recinto era muy diferente al diurno. Las mesas estaban ocupadas casi en su totalidad, la gente vociferaba de una punta a la otra del salón. Todos parecían conocerse. Al cruzar el umbral de la puerta, las miradas se dirigieron a mí de forma inmediata. Me hicieron sentir un extranjero dentro de mi propia ciudad. Esquivé algunas sillas y me ubiqué en uno de los extremos de la barra.

Un hombre de desparejo bigote blanco, sombra de barba mal afeitada y cabeza desprovista de cabello en su totalidad se acercó apoyando los codos sobre la barra y depositando un repasador blanco sobre el mostrador. Comenzó con bruscos movimientos circulares a limpiar los restos de comida que yacían alrededor de unas copas ya vacías. Las migas se dispersaban entre el piso y mi falda. Noté ciertos signos de ebriedad en su comportamiento.

—¿Qué le sirvo? —demandó el cantinero estudiándome con detenimiento.

—Un Criadores con hielo, por favor.

—No tenemos Criadores; un JB, ¿puede ser?

—Sí, un JB está bien.

Con un movimiento repentino, el hombre tomó un vaso de la estantería que se encontraba a su izquierda y, sin despegar la mirada de mi morral que se apoyaba sobre la barra, sirvió una medida bastante generosa de *whisky*.

—¿Nuevo en el barrio? —preguntó mientras devolvía la botella a la estantería.

—No, no.

Antes de que pudiera forzar la conversación, se dio media vuelta y se dirigió hacia la otra punta de la barra. Empinando el vaso vacié el contenido de un solo trago, los hielos chocaron contra mis labios dándome esa placentera sensación de frío en un ambiente caliente.

En un breve y rápido estudio del lugar, se podría decir que la media de edad era de sesenta y cinco años y estaba compuesta por hombres en su totalidad. Lo más parecido a una mujer que se podía apreciar era un retrato en blanco y negro de Audrey Hepburn que se perdía de vista al lado de un desgastado póster de la revista *El Gráfico* que mostraba el plantel del Racing de Coco Basile.

Los más jóvenes se amuchaban en las mesas frente al viejo televisor Philco, en el cual sobresalía una chapita de bronce en la que apenas se leía «Super Color», que trasmitía un partido de Boca Júniors del Torneo Apertura.

Los veteranos permanecían al fondo del bar, disputando lo que parecían salvajes partidas de truco o tute. La cantidad de botellas amontonadas sobre las mesas era asombrosa.

Con la mano en alto, alzando mi vaso vacío y un leve movimiento de cabeza, solicité otro *whisky*.

—Disculpe don, mi nombre es Víctor Abeijon, trabajo para el diario *La Capital*. Estoy escribiendo una nota sobre los bares emblemáticos de la ciudad. Me gustaría poder hablar con alguien que me pudiese contar algo de la historia del lugar.

—¿Emblemático esta mierda? —preguntó con cierta perspicacia—. Mire a su alrededor, señor, todos borrachos y fracasados. Dígame, ¿qué tiene esto de emblemático?

Absorto por la sinceridad de su respuesta, intenté esgrimir algún argumento con velocidad, pero las palabras no lograban atravesar la aduana de mi garganta.

—¿Hace mucho que trabaja acá?

—Más de veinte años, ¿le parece mucho?

—Demasiado —afirmé mientras apoyaba nuevamente el vaso vacío. No pude evitar sonreír.

—Tramposo, hijo de puta, mostrá el tanto —vociferaba un tipo arrastrando la silla con la fuerza de sus gemelos.

—¿Vio? —manifestó el cantinero haciendo una seña con sus cejas—. Todas las noches es lo mismo.

Tras media hora de charla y tres medidas más de aquel maravilloso brebaje, confesé el motivo real de mi visita. Le conté todo.

—Y el libro ese que me cuenta. ¿Quién lo escribió? —preguntó el cantinero.

—No lo dice en ningún lado. Yo calculo que fue el mismo Álvaro.

—Honestamente, no recuerdo ninguno de esos apellidos que me dice. Por ahí alguno de aquellos lo puede ayudar —dijo señalando la última mesa del local—. Pero a esta altura no creo que le den mucha bolilla, ya están todos borrachos.

—Disculpe, voy al baño un minuto.

Al levantarme de la banqueta, denoté mi elevado nivel etílico. Caminé con extrema cautela. Cual andar de ciego, iba tanteando las mesas a mi alrededor para ayudar a mi equilibrio. El mejitorio estaba roto, así que me enfilé hacia el inodoro. Escupí. Le erré. La saliva se deslizaba en una de las paredes repletas de garabatos. Mientras orinaba, mis ojos se paseaban entre escritos de falsas promesas de amor eterno y fidelidad futbolística. Al medio se leía:

«Nos aferramos a algo que somos y nunca quisimos ser. A.M.».

La frase llamó mi atención debido a su sublime profundidad para estar decorando la pared de un baño. Con la bragueta abierta, el cinturón desbrochado, comencé a leer todos los escritos de aquellos muros. Hasta que por ahí, abajo del todo, se leía en negro y mayúsculas: «MANCUELLO PUTO». Corrí con los pantalones prácticamente orinados y la camisa desalineada hacia la barra, tomé del morral la cámara y, ante la atónita vista de Ernesto, hui de nuevo hacia el inodoro. Fotografié todas las paredes. Por la mañana y en un estado de mayor lucidez analizaría las fotografías.

Un cierto empecinamiento con una tal Raquel se podía notar a lo largo de todo el baño. «Raquel, te amo. Raquel, no soy nada sin vos. Raquel y Guillermo. Raquel, sos el amor de mi vida. Raquel, por siempre tuyo. Perdóname, Raquel. Aguante, San Lorenzo y Raquel», etc.

Raro lugar para expresar el amor sabiendo que Raquel no entraría al baño de hombres, o al menos no a ese.

XXXVII

Esperanza

La ansiedad sumada a la cantidad de *whisky* que había ingerido esa noche hicieron que mi despertar no fuera tan tempranero como debía. Apenas me pude levantar de la cama, encaré la calle y entré en un café por avenida Independencia entre Balcarce y Libertad. Sobre una mesa ordené simétricamente todas las fotografías que acababa de retirar de la casa de revelado instantáneo.

Mi primera conclusión fue la obvia: A.M. significaba Álvaro Mansilla. Y «MANCUELLO PUTO» claramente ponía en tela de juicio la heterosexualidad del mozo. Dato que no pensaba indagar. Por lo que se apreciaba a simple vista, MANCUELLO estaba escrito con una caligrafía diferente a la de PUTO. Eso me hizo suponer que el propio Mancuello había escrito su nombre y algún malandra le habría agregado el adjetivo.

El café se enfriaba en uno de los extremos de la mesa mientras mis ojos no se podían despegar de las imágenes. Sobre la parte superior de una de las paredes casi al límite con el techo, una letra prácticamente igual a la de la frase que suponía de Álvaro anunciaba: «Emma».

Ahí noté que era exactamente la misma desprolija letra imprenta con la que el libro daba comienzo en «Léalo, luego compréndame».

Deslicé mi dedo índice sobre la fotografía y una lágrima cayó sobre el papel. En el lugar sonaba *Purple Rain* de Prince, interpretada de forma acústica por algún otro cantante. Me pareció increíblemente bella, más aún que la versión original. Cerré los ojos y dejé que mi cigarrillo se consumiera al ritmo de la música, sin siquiera darle una pitada.

Aproveché el menú del día y almorcé unas lentejas con albóndigas. Con el estómago llenó emprendí paso hacia el edificio de la calle Catamarca.

—Buenas.

El portero saludó con un cabezazo al aire.

—¿Ha hablado con la Administración?

—Sí, señor. Dijeron que los llamara y que ellos le darían la información que tengan de la familia Mansilla. Pero le aviso que no es much —hubo una pausa, demasiado larga, demasiado incómoda—. Tome —finalizó mientras metía la mano en el bolsillo derecho de su mameluco para sacar una tarjeta.

«Administración de Edificios y Consorcios Harris» se leía sobre el papel.

—Gracias —enuncié mientras elevaba mi palma sobre el nublado cielo anunciando mi despedida.

—Oiga —gritó el portero sobre mi espalda.

—¿Sí?

—Hasta hace unos años, acá vivió Eduardo Mansilla con su esposa en el quinto.

—¿Eduardo? —repetí en voz baja. Debía de ser el hermano.

—¿Álvaro Mansilla no le suena?

—Sé que era el hermano, pero no hablaba mucho el hombre. Se dice que desapareció en la dictadura. Era un pibe, apenas.

—¿Qué es de la vida de Eduardo? ¿Se mudó?

—Cuando falleció su esposa, se fue. Es un departamento muy grande, vio —tras un breve suspiro continuó—. Pero ni la menor idea a dónde, quizá en la Administración lo puedan ayudar con eso.

—Muchísimas gracias, señor. Disculpe, no me ha dicho su nombre.

—Rubén Casares, un gusto.

—Víctor —dije mientras estrechaba su mano.

Esa tarde llamé varias veces a la Administración, ninguno de los empleados que atendió tenía el rango suficiente para darme la información a la que ellos llamaban confidencial. Telefoneé bajo varios seudónimos y hasta con diferentes voces. Simulé ser un amigo de la secundaria perdido en el tiempo, un examante de la esposa y hasta una tía con alzhéimer. Nada funcionó. Todos me decían lo mismo. La oficina operativa se encontraba en Capital Federal, y la de Mar del Plata era apenas una pequeña sede administrativa.

Ya había agotado todas las pistas en la ciudad y mi investigación todavía seguía tan irresoluta como al comienzo.

XXXVIII

Lazos

—¿Hola? —preguntó una voz suave.

Josefina tenía la rara costumbre de atender siempre el teléfono, sin importar la casa en la que se encontrara. Cada vez que sonaba el aparato ella corría a su encuentro.

—Hola Jota, ¿sabes quién habla?

—Papito…

—Hija, ¿cómo estás? Te extraño mucho, ¿sabías?

—Yo también, papá, ¿cuándo vas a venir a visitarnos?

—Mañana mismo estoy allá.

—¡Víctor! —clamó con furia otra voz—. ¿Por qué estas llamando acá? ¿Quién te pasó este número?

—Isabel, yo también te extrañé.

—¿Qué le dijiste a Josefina?

—La verdad… —musité y, tras un corto intervalo en el que podía escuchar el acelerado palpitar de mi exesposa, continué—: que la extraño y que mañana la voy a visitar.

—¿Qué?

—No voy a discutir con vos, Isabel. Mañana voy a Buenos Aires y a la tarde voy a ir a ver a mi hija —anuncié con un ímpetu desconocido. Luego colgué sin dar tiempo a una respuesta del otro lado.

Al llegar a la pensión, armé mi valija, pagué los días que adeudaba y me dispuse al sueño. Por la mañana tomaría el marplatense hacia Constitución. Esta vez sería yo el que alcanzara el tren en busca de su destino.

Me encontraba parado en el andén siete de la estación ferroautomotora SUD, cuando lo vi llegar. Se oía el oxidado sonido de la falta de mantenimiento en los rieles. Mi corazón parecía intentar huir de mi pecho como si en aquel tren se me fuera la vida. En todos los años en los que había vivido en la ciudad jamás había pisado aquella estación. El estado era pésimo. La basura se acumulaba por todos los rincones y el aura del lugar trasmitía abandono.

Al dar los primeros pasos por su interior, descubrí una forma de viajar majestuosa. Caminé como sabiendo el camino hacia el vagón comedor. Desplacé con un sutil movimiento las pesadas cortinas rojas que se desplegaban sobre la ventana. El tren recobraba su marcha, la gente parecía alegre. Tanto los de su interior como los que saludaban, desde el ya lejano andén, con efusivos movimientos de brazos.

Otra vez me encontraba subrayando y señalando datos que me pudiesen guiar hacia el enamorado perdido.

Tenía en carpeta el barrio de Flores, el café Británico, el puesto de diarios, la primera clínica privada donde siguió al general Argón, la hostería Del Mar y, por último, la institución mental donde finalizaba el libro. A pesar de que la cantidad de lugares por investigar me ilusionaba con algún resultado positivo, no olvidada que el paso del tiempo había sido demasiado.

Siempre fui una persona a la que le costaba demasiado aceptar sus frustraciones. Quizá inconsciente de sus propios límites. Al repasar los renglones de esta extraña novela, mis sensaciones eran por de más melancolías. Extraño las calles por las que jamás caminé, a las personas que nunca conocí, al amor que no encontré.

Envidio su historia, sus razones, su pasión.

Me siento tan desafortunado como Álvaro en su final, sin oportunidad al preludio de la felicidad. Tan solo a la espera de un fin, justo o injusto, triste o alegre, tan solo un fin.

Pero las conclusiones no siempre son las mismas porque en mi vida sí hay una luz. Un amor, y se llama Josefina. Ella es mi motivación a seguir.

Entre tanta investigación y descubrimientos me había olvidado cuánto odiaba viajar. Cómo detestaba todas las sensaciones que un trasporte rodeado de desconocidos despertaba en mí. El olor, los sonidos, la incomodidad, todo me parecía molesto en aquel momento.

Toqué el timbre. Nadie atendió. Toqué de nuevo. Estaba seguro de que el piso era el tercero A. Al cabo de un rato, algo más de cinco minutos, escuché una llave abrir la puerta. Era ella: Isabel.

Nos observamos como dos boxeadores en el *round* inaugural. El *round* del estudio. Estábamos analizando quién arrojaría el primer punteo.

—Víctor —murmuró casi de manera imperceptible.

—Buen día, Isabel —respondí con una amplia sonrisa en mi rostro.

—¿Pasás? —preguntó con una actitud pasiva y visiblemente agradable mientras sostenía la puerta ya abierta.

Me adelanté unos pasos, ya frente a ella y le di un beso en la mejilla. Mi barba rozó la comisura de su labio. Sentí cómo su fragancia de frutos rojos ingresaba por mi nariz en una inhalación extendida en el tiempo. Era aquel perfume el que tantas noches extrañé, con el mismo que la conocí, el que añoraba volver a sentir.

En el ascensor, nuestras miradas se vieron obligadas a encontrarse. La situación acontecía mucho más apacible de lo que imaginé.

—¡Papáááááá! —exclamó con fuerza una dulce vocecita apenas puse un pie en el pasillo.

Con su pijama rosa de corazones blancos geométricamente imperfectos, se arrojó de un salto hacia mí. Abrazarla fue la mayor sensación de amor que había sentido en mucho tiempo. Sus cabellos castaños claros, de ondulación irregular, caían sobre mis hombros. Sus pies ya no tocaban el suelo, flotaban incandescentes y se agitaban en el aire. Una de sus pantuflas de peluche cayó al piso. Mis manos apretaban su cuerpo como si aquello fuese lo último que iba a hacer en toda mi vida.

—Mi amor, no sabés cómo te extrañé —le susurré de manera inentendible al oído.

—Vení, papá, te voy a mostrar mi pieza —pronunció mientras corría de nuevo hacia la casa.

Giré mi cabeza y vi a Isabel. Las lágrimas corrían también por sus redondos cachetes. La abracé.

—A vos también te extrañé.

—Víctor, no sabés lo que…

—Lo sé, perdóname, lo sé.

—¡Papáááá! —clamaba la voz de Josefina ya desde el interior.

Todas nuestras acciones desaparecieron de nuestras cabezas, o al menos de la mía. No sentía odio ni resentimiento hacia ella. Las tristes y oscuras noches de soledad en la casona de la calle Funes parecían demasiado lejanas en el tiempo, como un vago y borroso recuerdo.

Sirvió dos tazas de té de una tetera blanca de porcelana china que nos habían regalado en nuestra boda.

Demasiado había por hablar, aún más por callar. No quería oír explicaciones de por qué había pasado todo, ni entrar en discusiones que no terminarían en ningún lado o al menos en ningún lugar donde yo quisiese estar. Los tópicos fueron todos en base a nuestra hija, pero al cabo de un rato, lo inevitable sucedió.

—¿Qué pensás hacer? —interrogó, mientras sus finos dedos golpeaban con suavidad el almohadón que dormía en su falda.

Al ver su mano bailotear por el sillón, noté que aún llevaba el anillo de bodas y aquella pulsera marrón de macramé que le obsequié en nuestra primera salida de novios. Mis mejillas se enrojecieron al ver en aquellos dos pequeños detalles que no todo estaba perdido.

—¿Hacer con qué?

—Víctor…

—¿Vos qué pensás? —susurré—. ¿Tengo otra oportunidad?

—Recibí tu carta —dijo contemplando la taza vacía sobre la diminuta mesa de vidrio—. Lloré mucho, Víctor, fuiste muy duro.

—Vos te fuiste, te la llevaste. ¿Qué esperabas de mí? ¿Una carta de recomendación?

—¿Es verdad? —dijo apoyando la carta algo arrugada sobre la mesa—. ¿Me fui de tu corazón?

Me limité a levantar mi mano izquierda con la palma casi sobre mi cara y los dedos extendidos hacia arriba, con mi anillo de bodas quedando al descubierto.

—Jamás —musité al borde del sollozo—, jamás te irás de mi corazón.

La besé, luego de mucho tiempo. La besé, sin pensar en otra cosa más que en besarla. Con una pasión que creí perdida.

De fondo podía escuchar a Jota retando a sus peluches por no prestar atención en clase. Todo volvía a ser como antes. Al menos por un rato.

XXXIX

Cimas VI

Tal vez sean las noches sin recuerdos las que perduren en nuestra memoria. Y las frágiles imágenes sin nitidez las más claras.

¿Qué hay tras esta fantasmagórica realidad? Quizá solo noches sin recuerdos.

La mortalidad y la fragilidad del tiempo y la memoria hacen del presente un recuerdo constante del que solo viviremos en un futuro encerrados en un pasado que no recordaremos jamás.

Es difícil admitir que algunos nunca llegan a casa, a pesar de que jamás emprendieron camino hacia ningún lado.

Seguramente el verdadero amor sea el del eterno desencuentro. El del profundo dolor. El del recuerdo exacerbado. El de la incertidumbre. El del deseo inconcluso.

Repetimos imágenes que odiamos, miramos sucesivamente una pared llena de recuerdos que detestamos. Solo por miedo a decorar un nuevo muro.

Intentar atravesar nuestros miedos es escalar la torre más oscura, el risco más empinado, la solución menos factible.

Juzgamos a los demás por miedo a nosotros mismos. Es nuestra coraza lo único que nos hace especiales. Si perdemos aquel caparazón, aquella vieja armadura, seremos tan solo lo que se ve. Triste y resignada realidad.

No iluminemos calles, sino caminos.

XXXX

Cimas VII

Qué vicisitud aquella que nos vuelve contra nuestras propias certezas. Enfrentándonos a nosotros mismos con armas que solían ser nuestras.

Ella, ¿será un arma en mi cabeza?

Ella, ¿disparará cuando sea necesario?

Ella, ¿me amará cuando tenga que hacerlo?

A veces, nos perdemos en ríos tan dispares que olvidamos el curso que nos deparó en aquel río en primer momento.

Despertamos entre sueños que deseamos se transformen en realidad. Aun así, el despertar es algo asombroso porque fuimos conscientes de haber soñado a pesar de no recordarlo. De haber vivido otra vida, ajena a nosotros y hasta a la realidad, acaso.

Tal vez, solamente seamos un sueño inconcluso de un despertar repentino.

¿Sería lo correcto alejarme de ti? ¿Sería al menos una decisión valiente dentro de mi propia cobardía?

¿El amor es un camino de una sola vía? ¿Un ferrocarril hacia solo un destino? ¿Por qué entonces no equivocarnos a tientas? Errar eligiendo errar. ¿No sería acaso eso acertar en cierto modo?

Los años pasaron hasta que levantaste la mirada y te encontraste nuevamente en aquel paisaje desolado. Solo. Abandonado como siempre has estado. Exacerbando la memoria, traicionando cada sentimiento, recordando muecas olvidadas.

XXXXI

Alas

Las sábanas blancas contorneaban el cuerpo de Isabel. La veía dormir con su figura dibujada entre las frazadas como un paisajista admira el horizonte en busca de inspiración.

Frotando mi nariz por el contorno de su cuello me recordaba adolescente. Su aroma no había sido tan importante en mi vida hasta que lo creí perdido.

—Roncaste —dijo muy bajito con voz de dormida con la cabeza aún sobre la almohada.

—¿Sí? —contesté sin dejar de mirarla, ni sonreír.

—Como cuando éramos chicos —su mirada se perdía en la mía—. Hacía mucho que no te escuchaba roncar así.

—Estaba cansado. Cansado de todo…

Apoyando la cabeza sobre mi mano izquierda, sin moverme un centímetro, la contemplé en silencio mientras volvía a caer en el sueño. La acaricié casi sin tocarla. Pasé sus cabellos tras su oreja sin dejar de observarla un segundo.

Esa noche no hicimos el amor. No fue necesario.

Fui al baño. Me lavé la cara a salpicones de agua fría. Miré mi rostro reflejado en el espejo, ya sin la espesa barba de las últimas semanas. Sonreí, sin saber por qué. Tal vez solo era feliz de nuevo.

Ya en la cocina, preparé dos tazas de café negro. Volví a la cama, ella seguía durmiendo. Josefina ya revoloteaba por el *living* vestida de princesa. Intenté ser el príncipe, pero aquel papel nunca me sentó demasiado bien.

—¡Mamá! —gritó Jota al ver a Isabel apoyada contra el marco de la puerta enfundada en un camisón blanco con bolados crema.

El reloj señalaba las diez en punto cuando me encaminé hacia el parque Lezama. Eran apenas unas cuadras las que debía recorrer. Llevé a Josefina conmigo. Casi sin darme cuenta, levanté la mirada y me topé con el bar Británico. La vidriera pintada con mayúsculas naranjas y amarillas promocionaba al lugar como un punto obligado en Buenos Aires. Mi hija tomaba fuerte mi mano, como en aquella triste pesadilla semanas atrás, y miraba obnubilada a los autos que pasaban a toda velocidad por Defensa y se perdían por Brasil.

Elegí una mesa sobre la ventana que desembocaba sobre la avenida. Desde allí podía observar el puesto de diarios que se encontraba a unos metros.

Muchos años habían trascurrido desde la última vez que había ingresado en aquel bar. Me abordó un recuerdo de mis años de facultad cuando solía sentarme en la misma mesa con vista al parque y pasaba horas leyendo *Sobre héroes y tumbas* de Ernesto Sábato, imaginando la melancolía de Martín y soñando con la extraña belleza de Alejandra Vidal.

El piso blanco y negro, que aludía a un tablero de ajedrez, se encontraba reluciente como si estuviese recién lustrado. Las baldosas de treinta por treinta componían una rayuela perfecta para que Josefina se guiara entre saltos hasta la mesa.

—Un café y un tostado para mí y una chocolatada para la señorita —ordené, ya ubicados.

Jose sonrió y el mozo emprendió el camino de vuelta hacia la barra.

Al cabo de cinco minutos el veterano volvió con nuestro pedido.

—Disculpe señor, una consulta —indagué mientras apoyaba el vaso de soda grueso de fondo recto sobre la mesa—. ¿Una clínica de salud mental por la zona?

—¿Por la zona? —repitió descolado acercándole la chocolatada a Josefina.

—Sí…

—Mire, agarra Brasil y doblando por Perú, pasando avenida Garay antes de llegar a Cochabamba, había una ahí. Un loquero —aclaró cerciorando la limpieza de sus anteojos—. Pero lo cerraron en la época de los militares. No hay nada ahora, creo.

—Muchas gracias.

—¿Podemos ir a jugar al parque? —interrumpió la pequeña mientras vaciaba hábilmente los sobrecitos de azúcar sobre su taza.

—Hoy no, hija. Acordate que hoy sos mi secretaria. Me vas a tener que acompañar a visitar algunos lugares. Papá necesita hablar con algunas personas.

—Bueno —contestó mientras sumergía la cara en la chocolatada.

Tras pedir la cuenta, salimos por la puerta que desemboca en Defensa.

Mirando *El Gráfico* esperé a ser atendido por el quiosquero.

Era un hombre mayor. Muy mayor. Quizá hasta más grande que el mozo que nos atendió en el Británico, y ya con eso es mucho decir. Conjeturé que quizá podría sacar un dato útil de aquel tipo, o al menos más útil que los que venía consiguiendo.

—Buen día, *Clarín*, por favor —solicité amablemente señalando el diario a mis pies.

—Uno setenta —dijo con gran elegancia, mientras acomodaba su anacrónica boina cuadrillé.

—Aquí tiene —contesté mientras le tendía las monedas justas—, ¿le puedo hacer una consulta?

—Cómo no, diga hombre.

—Mi nombre es Víctor, soy periodista y estoy tras los pasos de una persona —anuncié en un tono más parecido al de un detective privado que al de un profesional de la noticia—. Su nombre es Álvaro Mansilla.

—No me suena, perdón —contestó afligido.

—¿Hace mucho trabaja acá?

—Sí, señor, desde principios de los 50.

—¿Usted es Mauricio?

—El mismo, Boina para los amigos.

El hombre conocía a Álvaro, un capítulo fue dedicado exclusivamente a la vigilia del puestito y su arrogancia, tan solo que él nunca supo el nombre del enamorado. Esperé un momento más, antes de volver a interrogar al quiosquero.

—Dejá eso, Jose —clamé a mi hija que tomaba una revista de autos que se encontraba sobre la tarima de madera.

—Déjela, no hay problema.

A Mauricio no le había sorprendido en lo más mínimo que supiera su nombre. Claramente debía ser un hombre reconocido en la zona.

—¿Usted era amigo de Claudio Argón, no?

La pregunta pareció demasiado directa para el hombre, que empujó su cabeza hacia atrás en un acto de puro reflejo. Encorvando las cejas pareció susurrar algo que no llegué a entender. Hubo un silencio algo incómodo. Me encogí de hombros y, esquivando la mirada, saqué un cuaderno del morral con el solo fin de hacer algo. Ahí tenía anotados nombres, fechas, pistas con y sin sentido, indicaciones y direcciones a seguir.

—El general —musitó entre dientes.

Guardé silencio. Esperé algunas palabras más del quiosquero que no sucedieron.

—El padre de Emma y Marcos —agregué.

Mauricio alzó los ojos que se perdían entre los magazines de espectáculos y las revistas para colorear.

—Yo era el padrino de los dos nenes… —dijo mirándome como quien añora volver a un pasado que nunca sucedió.

Nuevamente un extenso silencio rodeó el puesto de diarios.

—*La Nación* —interrumpió una voz desde el otro lado.

—Tenga, tres pesos.

Tras la rápida transacción, el octogenario metió la mano en el bolsillo, sacó un pañuelo que le combinaba con la boina y continuó.

—Claudio siempre fue algo rudimentario, pero jamás habría hecho algo así. De eso estoy seguro. Se le vino todo encima de golpe y no supo cómo defenderse. Pero él jamás habría hecho algo así —repitió—. Pobre.

—Disculpe, no lo estoy siguiendo muy bien. ¿De qué me está hablando? ¿Qué es lo que hizo Claudio?

—¿Cómo que no sabés? —preguntó sorprendido—. ¿No vino por eso?

—¿Por qué?

—Por lo de los milicos.

—¿Desapareció? —intenté adivinar.

—Peor —dijo exhalando fuertemente por la nariz—, Claudito siempre fue militante del peronismo. Nunca estuvo muy metido, pero cada tanto iba a algún acto o salía a pegar afiches con los de su grupo. La cosa es que, no sé por qué, los milicos lo interceptaron cuando viajaba para el sur y lo llevaron a la *escuelita*, allá en Bahía Blanca.

—¿El centro de detención clandestina?

—Sí, ahí. Lo dejaron salir después de tres meses. Vos no sabés cómo estaba, hecho mierda. Todo chupado y casi no hablaba —pareció emocionarse o que le costaba recordar el final de la historia—. Fue a ver a Emma un par de veces pero ya no era el mismo. La hija estaba internada en una clínica en Chacharita. Pobre nena, autista era. Falleció también.

—Sí, eso sabía.

—Al poco tiempo, menos de un mes de que lo habían largado, lo encontraron con un balazo en la cabeza en su casa de Flores.

Moví la cabeza como si el balazo me lo hubiesen dado a mí. El hombre tomó el pañuelo, esta vez para secarse las lágrimas que comenzaban a brotar por sus ojos, tras los gruesos cristales de sus anteojos de marco ancho.

—Dijeron que se mató —continuó— pero, viste, yo no creo que se haya matado.

—¿Pero por qué lo habían agarrado los milicos?

—Cuando lo largaron, vino una vuelta a visitarme, tomamos unos mates. Él no hablaba mucho, yo no le quise preguntar tampoco. En esa época cuanto menos sabía uno, mejor —siguió algo más calmo mientras le daba a Josefina la última edición de *Billiken*—. Cuando apareció muerto me dijeron que había participado en un atentado a la casa de un militar de alto rango o algo así. Yo la verdad, lo dudo. Claudio era un buen hombre. Laburante como ninguno. No sería capaz de hacer algo así.

—¿En qué año fue todo esto?

—Hace más de cuarenta años.

—¿Y Marcos?

—La verdad, te mentiría si te digo algo. Desde esa época no sé nada del pibe, creo que se fue a Río Mayo después de lo del viejo. Pero no sé.

—Claro…

—¿A qué vienen tantas preguntas? —comentó mientras le alcanzaba *El Clarín* a una vecina de ruleros.

—Después me alcanza la plata, doña.

—Gracias, Mauri —gritó al trote la señora más preocupada en mantener su permanente que en pagar el diario.

—Estoy investigando a este tal Álvaro Mansilla.

—Sí…

—Álvaro es el padre del hijo de Emma.

—¿Qué? —exclamó de forma violenta con una expresión de odio y desconcierto en el rostro.

—Él estuvo internado en la clínica con Emma mucho tiempo.

—Sí, ya sé quién es —dijo montado en cólera—. Ese pendejo vino acá a averiguar dónde estaba internada ella y lo mandé a volar. Me quiso correr con un chamullo de que era compañero de escuela o algo así. En ese momento Emma estaba internada acá a unas cuadras, después de que el padre se enteró de que el pendejo la visitaba, la trasladó a la Chacarita. Vos no sabés el quilombo que se armó.

—Él la quería, señor. Se internó por ella. Dudo mucho que alguno de nosotros haga lo que él hizo por una mujer.

El quiosquero me miró como desconfiando de mis palabras. El clima había mutado en el último tramo de la charla.

—Si él no se hubiera propasado, Emma estaría viva todavía. ¿Eso es amor también?

—Fue un accidente.

—Un accidente, una mierda. La mataron por culpa de él.

—No la mató nadie.

—¿Vos sos boludo? —rugió Mauricio señalándome ante la atenta mirada de Josefina.

—La mataron por culpa de él —continuó—. Esos hijos de puta la mataron por culpa de él.

—¿Quiénes?

—Los milicos, quiénes van a ser.

Sentí cómo una gota generó un eco en mi cabeza. Aturdido por una declaración que debí haber supuesto.

—Yo pensé que…

—No te voy a ayudar a encontrar a ese hijo de puta.

Mauricio estaba fuera de sí. La conversación había terminado abruptamente con un insulto más que sentido. Tras su boina se ocultaba un odio incalculable hacia el joven. Nos estrechamos las manos con dificultad, como quienes confunden saludos.

La próxima parada sería el hospital psiquiátrico de la Chacarita, pero antes daríamos una vuelta por el parque.

XXXXII

Gris

Era una calle desolada de veredas sucias y vacías. Las baldosas rojas denotaban un abandono de mucho tiempo. El pasto largo e irregular carecía de pigmentación y añoraba cuidado.

Allí estaba parado yo, como un boxeador que olvidó por qué se subió al *ring*, desorientado, temerario. Quizá ese era el final del camino, tal vez solo el comienzo.

La reja estaba abierta pero no invitaba a pasar. Josefina apretó mi mano en una clara señal de miedo.

—No quiero entrar —susurró casi sin voz.

—Un ratito y nos vamos a casa.

Asintió con la cabeza y los ojos llenos de tristeza. Mis manos golpearon la puerta de madera blanca despintada y el sonido pareció retumbar en todo el lugar. Nadie salió. Volví a tocar con más sequedad en mis golpes.

—¿Sí? —preguntó una señora de cabello corto y delantal rosa con un tono poco amistoso, asomando apenas la cabeza por la abertura lateral.

—¿Está abierto?

—Pase —dictó la señora apoyando sus guantes amarillos al abrir la puerta en su totalidad.

La realidad y limpieza del interior no distaba mucho con la de fuera. Unos sillones de mimbre algo deshilachados hacían las veces de recepción y, tras un escritorio lleno de papeles y formularios incompletos, había una señora con mirada marchita y rasgos interinos.

—Buen día, ¿en qué lo puedo ayudar? —anunció la recepcionista.

—Buen día. Mi nombre es Víctor, soy periodista. Me gustaría hablar con el director, si es posible.

—¿Tiene turno?

—Honestamente no pero estoy muy interesado en hablar con algún responsable a cargo —contesté mientras apoyaba suavemente unos billetes sobre el deteriorado escritorio.

—Espéreme un minutito —dijo antes de perderse por la escalera.

Los ojos de mi hija revoloteaban por las húmedas paredes del lugar y apretaba su remera como si fuera a romperla. La alcé en brazos.

—En un ratito nos vamos, Jota. No pasa nada.

—Señor, lo espera la directora —ordenó su dedo erguido como un soldado señalando el final del pasillo—. El despacho es la última puerta a la izquierda.

Era una mujer linda, de piel morena y cabello lacio. Sus cejas estaban perfectamente arqueadas y sus pómulos dejaban ver unos sumisos huequitos al sonreír. La mirada seductora de sus ojos color miel trasmitía dulzura y seguridad.

—¿Víctor? —preguntó tácitamente al verme entrar.

—Y Josefina —respondí con una sonrisa cómplice.

—Hola, Josefina —repuso con su cuerpo inclinado y las manos sobre sus rodillas.

—Saludá, Jose —insistí sacándole las manos de la cara—. ¿Qué tal? Víctor Dusing es mi nombre, un gusto.

—Beatriz Castillo, un placer.

—Le comento un poco el motivo de mi visita. En pocos meses se cumple el treinta aniversario de la primera manifestación pública de las Madres de Plaza de Mayo. En conmemoración, el diario va a editar una serie de suplementos especiales sobre algunas de las muertes y desapariciones más importantes durante la época militar. Especialmente sobre las sucedidas entre el 76 y el 78.

—Sí, ¿y en qué puedo ayudarlo?

—Durante la década del setenta…

—Disculpe, de qué diario me dijo que era usted —irrumpió acomodándose bruscamente en su asiento.

—*El Atlántico*, señora —continué más pausado. La doctora parecía estar innecesariamente a la defensiva—. Le decía, tenemos documentos que registran durante la década del setenta varias desapariciones de profesionales y pacientes relacionados con este hospital. Me gustaría poder cerciorar algunos datos, si fuera posible.

—La mayoría de los registros e historiales de los pacientes fueron quemados durante la dictadura, me extraña que no sepa eso…

—Lo imaginaba —repliqué con velocidad interrumpiendo su respuesta—. Pero debe haber algún teléfono o alguna dirección de alguien que pueda ayudarme.

—Hace diez años que trabajo aquí y usted no es la primera persona que viene en busca de información. Naturalmente, me gustaría ver sus credenciales antes de facilitarle cualquier dato.

Saqué de mi morral mis viejas credenciales y las de mi esposa.

—Ella lidera la investigación —añadí.

Mientras ella revisaba minuciosamente las tarjetas, miré por la ventana y vi cómo la luna empezaba a sobresalir de entre los edificios más altos de la ciudad. De pronto me acometió una violenta necesidad de salir de allí dentro.

—En aquel momento el director del hospital era el doctor Alejandro Delgado —aclaró la directora con voz cansada pero imponente.

—Sí, sabía…

—Él dejó su cargo a mediados del noventa. Se jubiló, creo que sigue dando consulta desde su casa. Hace más de cinco años que hablé por última vez con él. Si quiere le puedo dar su dirección o arreglar una cita, más que eso, imposible.

—La dirección está bien.

La casa del exdirector quedaba en Flores, tierra de los ponderados hombres sensibles y los refutadores de leyendas, el de la niebla de la confusión, donde las esquinas no son tan solo el comienzo de otra calle. El mismo barrio donde la familia Argón tenía su residencia allá por el setenta. Allí donde Claudio no encontró otra salida que ponerse una pistola en la boca.

La noche comenzaba a caer y le había prometido a Isabel que cenaríamos juntos. Mañana por la mañana visitaría a Delgado.

XXXXIII

Ahora

Para ser honesto, nunca fui un hombre de muchas palabras. Siempre preferí el silencio y la soledad. Desde pequeño, mis más fieles compañeros eran los libros de cuentos y los soldaditos de plástico. Soñaba con ser astronauta, como todo niño inocente que solo ve a las estrellas como una continuación de su propia mirada. Al leer *Operación Masacre* de Rodolfo Walsh, con apenas catorce años, supe que debía ser periodista. Nunca me pregunté por qué. Tan solo lo supe.

Todas mis investigaciones han intentado desbancar políticos corruptos o policías fraudulentos. Esta era la primera vez que investigaba un crimen del corazón, una pasión, una decisión.

Estaba parado frente a la imponente casona del doctor Delgado, preguntándome qué hacer. Si tendría el valor para investigar lo que venía después o si en esa casa, en esa propiedad de césped perfecto y canteros carmesí se terminaría todo. Estaba harto de los laberintos y los misterios trazados por los años.

Los autos pasaban frente a mí y aun así no me animaba a cruzar la calle. Me hundía entre el arrepentimiento y la curiosidad.

«¿Qué es lo que buscaba? —me preguntaba con cierto fastidio—. ¿Revolver un pasado lastimoso de una persona ya entrada en años? ¿Y todo en aras de una búsqueda egoísta e impersonal? ¿Qué era lo que me intrigaba tanto de aquellos personajes probablemente muertos hace décadas?

Llamé a la puerta y una anciana sonriente de cabellos grises abrió, sin preguntar, quién tocaba.

—Hola. Buenos días. ¿Esta es la casa del doctor Delgado?

—Sí. Yo soy su esposa —comentó mientras abría un poco más la puerta.

—Mi nombre es Víctor, y trabajo para la Asociación Civil Abuelas de Plaza de Mayo. Le comento, en conmemoración al treinta aniversario de la primera manifestación de las Madres vamos a editar, a través de nuestra editorial, una serie de suplementos especiales sobre los eventos sucedidos entre el 76 y el 78.

—Pase, por favor —dijo pisando palabras.

La anciana me condujo hacia un salón comedor precioso, decorado con una gran cantidad de antigüedades. Una biblioteca inmensa, en la que se destacaba la colección completa de las aventuras de Julio Verne y la primera edición de *A sangre fría* de Truman Capote. Había algunos portarretratos con niños pequeños y otros del longevo matrimonio.

Me quedé observando con atención un fantástico cuadro ubicado en el centro de la sala.

—Es un Braque —dijo la anciana acercándose.

—¿Óleo? —pregunté fingiendo conocimiento.

—Sí, señor.

—Le debe hacer costado un ojo de la cara.

—De la cara de mi marido —retrucó riendo—. Es uno de los pocos paisajes que ha pintado Braque. Me lo obsequió para nuestro décimo aniversario.

—Disculpe, no me ha dicho su nombre.

—Ana. Ana Delgado pero puede decirme Wonka, así me dicen mis nietos —añadió con una inmensa dulzura—. ¿Desea un té o un café?

—Té, por favor.

Sobre una de las paredes rosadas, un reloj de marcación romana indicaba las diez de la mañana. Cinco minutos después Ana regresó con dos tazas de té, unas galletitas de avena y algo de rubor en sus mejillas. La edad no había mitigado su elegancia. Algo en su sonrisa me retraía hacia mi infancia, como si estuviera tomando el desayuno con mi propia abuela.

—¿El doctor Delgado se encuentra? —dije mientras apoyaba la taza nuevamente sobre la mesa.

—Todavía está acostado. En un rato quizá pueda acompañarnos.

—Realmente me interesaría hablar con su marido sobre su periodo en el hospital Uiralez durante los años setenta.

—No creo que mi marido puede serle de mucha utilidad. Hace unos años fue diagnosticado con el síndrome de Korsakoff[1]. Un trastorno de la memoria que suele confundirse con el alzhéimer —explicó cálidamente, como si estuviera acostumbra a excusarse por la enfermedad de su esposo—. Hay días en los que es el de siempre, pero otros tan solo cuenta historias que nunca sucedieron como si fuera un niño. Muchas veces no recuerda ni mi nombre.

—Disculpe, no sabía…

—Ya es hora de que salga de la cama, quizá hoy sea su día de suerte. Recuerde que mi marido es una persona muy mayor, le ruego que no lo agobie mucho.

Durante su ausencia, debatí conmigo mismo qué debía hacer. ¿Debía contar el verdadero propósito de mi visita? ¿Tendría que retirarme sin molestar al senil doctor? No llegué a contestar ninguna de esas preguntas cuando vi a la anciana regresar acompañada de su marido.

El doctor Delgado tomó asiento frente a mí como preparándose para una entrevista. Vestía un batón marrón hasta las rodillas. Sacó unas lentes de su bolsillo y, entrecruzando las piernas, comenzó:

---

1 El síndrome de Korsakoff es un trastorno mental derivado de la enfermedad de Wernicke. Este padecimiento es causado principalmente por el abuso de alcohol extendido en los años. Pérdida de memoria a corto plazo, dificultades en el habla y la visión, alteraciones del ritmo cardiaco y la imposibilidad de crear nuevos recuerdos (amnesia anterógrada) son los principales síntomas.

—¿Usted es policía? Por su espalda encorvada y su nariz puntiaguda creo que usted debe ser judío o de descendencia árabe. ¿Es usted judío?

—No, señor. Mis bisabuelos vinieron a la Argentina huyendo de la Segunda Guerra Mundial desde Italia —mentí.

—¿Y de qué huían?

—Del hambre, de la falta de trabajo. De lo que huían todos los emigrantes hacia Sudamérica.

—¿Es usted policía?

—El nombre Álvaro Mansilla le suena —interrumpí.

—Yo no hablo con policías —dijo sin inmutarse.

—No soy policía, doctor. Soy periodista —respondí resignado.

Ana se encontraba detrás de su marido oyendo la conversación. Al escuchar el nombre de Álvaro, se retiró enseguida y comenzó a mover y a revisar los libros de la biblioteca. Los abría y los cerraba con una gran velocidad. Estaba buscando algo. Hasta que un grito denotó el hallazgo.

—Víctor, acompáñeme a la cocina —ordenó Ana sin dejar de sonreír.

—Lamento haberlos molestado.

—Creo que esto es lo que usted vino a buscar —dijo mientras me entregaba unas hojas amarillentas y un sobre—. Mi marido guardó esto con recelo durante mucho tiempo y cada vez que le preguntaba por qué me decía: «Un día alguien lo va a venir a buscar». Una noche en una de sus, ya habituales, borracheras me contó la historia de Álvaro y dijo que alguien relacionado con Álvaro vendría a buscarlo algún día. Hace unos años lo leí y no me sorprendió en absoluto, no me pareció más que literatura barata, sentimental y melosa —tomó aire de forma alevosa mientras me tomaba de las manos—. Pero el sobre llegó cuatro meses atrás y estaba dirigido a usted; el remitente es Álvaro Mansilla. No le dije nada a mi esposo, tampoco me animé a abrirlo. Dentro de mí supe que vendría pronto a buscarlo. Hoy por la mañana, cuando usted se presentó, supe a lo que venía: que estas hojas y el sobre eran para usted. Tome, Víctor, espero que encuentre las respuestas que está buscando. Sea lo que sea, prométame que no volverá.

—Se lo prometo. Muchas gracias, señora.

Saludé cordialmente a Ana y crucé la puerta casi sin pensarlo. No se cómo explicarlo pero una especie de ingeniería diabólica me alejó de la casa, una fuerza que se escapaba de la tangente me obligó a irme sin siquiera saludar al anciano, que permanecía sentado en el sillón mirando un cuadro, que seguramente no recordaba. Sabía que no podía apelarla, que debía salir de allí. Un estupor ardiente como el fuego me obligó a huir, a escapar del lugar casi a las corridas. Me preguntaba si todo el confinamiento al que me sometí encontraría respuesta tras esas hojas. ¿Quién era Álvaro Mansilla? Y lo más importante, ¿qué hacía yo metido en el medio de toda esta historia?

Vagué sin rumbo hasta llegar a la plaza Pueyrredón, me senté en una de las bancas frente a Yerbal y allí, donde unos chiquitos jugaban debajo del algarrobo, decidí leer las palabras que Álvaro había guardado para mí. Las hojas eran el capítulo final de *Las penas del Álvaro.*

XXXXIV

Cimas VIII

Es el mismo destino aquel que nos cierra los caminos, ocultándose en el karma jugando a ser azar.

Seamos, sin ser nada. Muramos, sin ser todo.

Nuestras decisiones nos hacen seres conscientes, pero esas mismas vicisitudes son las que nos hacen despreciables. Seres intolerantes y pasionales.

La fragilidad de los sentimientos, la suave línea entre el amor y el resentimiento, marcada sobre el terreno de la impiedad.

Las sombras no han venido a tu vida para quedarse, ¿por qué entonces arraigarse a la oscuridad?

Las ilusiones están tan llenas de frustraciones que podríamos confundir unas con las otras. Es el peso de la ilusión la que hace más dura la caída en la decepción.

¿Será este mi camino? ¿Al fin dejaré de lidiar conmigo mismo para comprender las penas de lo ajeno?

¿O tal vez seré un soñador en un mundo lleno de realidades?

XXXXV

Las penas del Álvaro

Capítulo final

Los días eran cada vez más largos para el joven que pasaba las horas encerrado en su cuarto. Álvaro se negaba a salir. No quiso volver a la sala de recreación en la que solía compartir las tardes con Emma. Un lluvioso jueves de julio, el doctor Delgado estaba esperándolo para su habitual sesión de terapia. Pero en vez de recibir su presencia, recibió la de un enfermero que le informó que el paciente había desaparecido. Durante la noche se había fugado del hospital. El profesional, algo alarmado, no podía negar que la idea del escape, o de algo mucho peor, siempre estuvo presente en su cabeza tras la muerte de Emma.

Acompañado por el enfermero, subió por las escaleras hacia el cuarto de Álvaro. Allí, sobre la cama desprolijamente deshecha se encontraban dos cartas dobladas al medio. Sobre el borde de la primera se leía perpendicular al papel: «Para Emma». En el extremo superior de la otra decía: «Doctor Delgado».

El doctor le dijo al enfermero que se retirara del cuarto. Tomó asiento sobre la cama. Fuera comenzaba a llover.

> Emma, amada mía:
>
> Quince años han pasado por mi cabeza o, mejor dicho, han caído sobre ella. Mis recuerdos, o al menos lo que queda de ellos,

son cada día más difusos, mis capacidades más limitadas y mis sentires más opacos. He perdido las pocas caricias verbales que alegraban mis tardes. Ya nadie viene a visitarme.

Como el escritor requiere de la tristeza y el dolor para la veracidad de su obra, el enamorado necesita del desencuentro para cerciorar su amor. La universalidad de la muerte toca a mi puerta cada mañana, y mi propia vergüenza no me deja confortarme en ella.

Mi querida Emma, mi amada incondicional, la madre de todos mis sentimientos y el motor de mi vida. A partir de hoy ya no podré apreciar tus rizos u observar obnubilado tus bellos ojos. Ni aquella infinita mirada. No hubo despedida, ni tampoco la habrá. Sin piedad, el mundo cayó sobre mí. Colapsó de tal manera que ya no encuentro simetría en lo absoluto, ni oscuridad en la tempestad. Nunca hablamos, quizá porque no fue necesario, apenas llegué a oír tu voz, ese dulce sonido, que ya ni siquiera recuerdo. Supuse que los ángeles eran mudos y las palabras inverosímiles.

Morí tantas veces que descreí del valor de la vida, de la vida sin amor. El gozo de escribirte por última vez sabiendo que jamás seré leído es el único regocijo de mi desgraciada alma en pena.

Me resulta imposible exteriorizar mi dolor, lo siento tan propio, tan mío. Encerrado en mi pecho.

He muerto contigo por no poder concebir una vida sin ti. No soy capaz de imaginar una mañana sin tu mirada, o una tarde sin tus caricias. Mi castigo será soñar cada noche con un encuentro que no sucederá jamás.

Nuestra pasión fue objetivamente subjetiva. Quemamos los puentes de la racionalidad y nuestros sentimientos ardieron con ellos.

Mi amor por vos trasciende lo racional.

Siempre quise creer en el amor como un río, como un curso de agua inalterable que siempre depara en alguna orilla. Quise cambiar nuestro curso, nuestro destino, y volvería a intentarlo una y mil veces. Pero lamentablemente también ha de ser así la vida, no podemos cambiar los sucesos, ni los cursos. Todo está escrito con una tinta de características frías e inamovibles.

Tú me has dado lo que nunca soñé tener: un amor puro y virginal, sin ataduras, ni complicaciones. Éramos tan simples, tan reales. Inocentes en nuestra propia agonía.

El día que te que vi partir sentí cómo un pedazo de mi alma se iba para siempre. Me di cuenta de que no tiene más objeto ocultar el motivo de mi afán, de mi locura. Has robado, de a miradas únicas, recuerdos de una eternidad.

Desde que te vi por primera vez, desde que mis ojos se toparon con los tuyos, que ya no soy dueño de mis actos. Ya no respondo a mí mismo. Por trece años la gente me llamó con otro nombre, me hablaban de otra manera y mi pasado era tan solo una sucesión de mentiras bien ordenadas.

Han pasado más horas de las que puedo contar y aun así no siento haber perdido el tiempo.

Me sentí audaz al amarte, y vacío al perderte. Todos los desenlaces posibles eran tristes, siempre fui consciente de eso, pero nuestra trama, nuestro argumento fue el más bello que se podía imaginar. Nuestra historia quizá jamás sea contada pero ha sido un placer vivirla junto a ti.

No me arrepiento de nada en absoluto. Tan solo duele pensar en que nunca más podré verte por primera vez. Eres una parte de mí que extraño demasiado para poder vivir sin ella.

Ni el más ateo de los dioses podría descreer de la veracidad de este amor.

Tan solo quiero decirte gracias por ser tú mi último primer beso.

Te amo.

Álvaro.

Imposible no emocionarse ante semejantes palabras, ante tal demostración de amor y sinceridad. El médico miró nuevamente la puerta, con la certeza de que nadie lo observaba. Era así. Estaba solo. Sacó un pañuelo lila de su guardapolvo y secó sus ojos antes de que alguien pudiera delatar la tristeza en su mirada. Su abatimiento era abrumador. Dobló la carta exactamente de la misma manera en que la había encontrado.

Luego desdobló la carta que llevaba su nombre.

Estimado Delgado:

Los años han forjado en nosotros una relación fuerte, y hasta fraternal, a pesar de estar oculta tras un manojo de mentiras. Lamento no poder despedirme personalmente de usted, pero como ambos hemos de saber, usted intentaría disuadirme. La decisión no ha sido tomada a la ligera. No quiero que usted tome mi forma de actuar como descortés o traicionera. Prométase a sí mismo no hacerlo. Tan solo yo puedo responder por mis actos. Son aquellos actos los que me trajeron hacia este lugar y los mismos los que me sacarán de aquí.

No se preocupe, siempre carecí del valor necesario para acometer contra mi propia vida.

Mi espalda cargó pesares que fracturarían la de cualquier otra persona. No sé por qué he de aguantarlos. Mi amada feneció y mi hijo desapareció sin siquiera poder verlo.

Aunque no habré de verlo caminar o escucharlo balbucear su primera palabra, sé que su madre vivirá en él y, desde algún lugar, velará por su bien. Es mi hijo y siempre lo será. Sin importar quién lo críe o a quién llame «papá». Me duele pensar en él e imaginar que su futuro no estará atado al mío.

Disculpe, honestamente no quiero aburrirlo con mis lamentos. Es usted una persona muy estimada por mí, su accionar conmigo y Emma siempre ha sido ejemplar. Mi intención no es meterlo en aprietos, ni siquiera generarle algún tipo de problema. Sepa usted que no lo deseo en absoluto.

Tras la serie de incidentes de los últimos años, usted ha sido uno de los pocos doctores de jerarquía que no fue removido de su puesto. Es fácil concluir que usted proviene de una familia de clase alta o con algún desgraciado vínculo militar.

Por lo que he de conocerlo, y espero ser correcto en mis conclusiones, usted haría cualquier cosa por un paciente.

Sé que mi hijo no volverá y tampoco procuro que lo haga. Claramente, no soy capaz del cuidado que requeriría. Los años en este lugar han traído en mí consecuencias y ya no soy capaz de lidiar siquiera conmigo mismo.

Donde quiera que esté, tan solo deseo su bien, su felicidad. Que sea criado con principios y, sobre todo, con amor.

Sería demasiado pedirle que se cerciore usted de eso. Lo sé. Por esa misma razón no lo haré. Tan solo anhelo una cosa. Durante los meses del embarazo, antes de que la tormenta se desatara y nuestra realidad cambiara para siempre, Emma y yo debatimos posibles nombres para nuestro hijo.

Usted debe pensar que mi estado es peor de lo que se imaginaba. No es así. Aunque Emma no pronunciaba palabra alguna, ella hablaba conmigo. Una mirada era lo único que necesitaba para comunicarme con ella. A través de sus ojos veía todo más claro, más simple.

Ella pensó que el nombre de su madre sería algo digno de tener una hija. María Eugenia se llamaba ella.

El nombre del varón era en parte mi responsabilidad. Dudé tantas veces en llamarlo como alguien de mi familia. Mi decisión era la indecisión misma. Entonces escribí algunos nombres en pequeños papelitos, que doblé y desdoblé hasta que todos quedaran del exacto mismo tamaño. Había más de quince papelitos, con quince nombres diferentes. Cargué los trocitos en el bolsillo de mi delantal por más de un mes, sin desdoblar ninguno.

Cada tarde le decía a Emma que cuando estuviera lista, sacara uno. Ella, durante una tarde de abril, metió la mano en mi bolsillo y, sin revolver, sacó uno.

Jamás he tenido el valor de leer aquel papel. Soñé desdoblarlo junto a ella y descubrir juntos el nombre de nuestro hijo. Ya eso no ha de pasar.

Le dejo a usted aquel papel, está tras el cajón de mi mesa de luz. Allí lo encontrará.

Sepa que mi encargo no es un dictamen, ni mucho menos una orden. Apenas el pedido de un enamorado desdichado.

Sin más que decir, me despido de usted también. Ha sido un gran doctor y un gran hombre, tanto con Emma como conmigo.

Gracias por todo.

Álvaro y Emma.

El doctor arrancó el cajón de un tirón y, pegado tras la madera que recubría el fondo, encontró el papel, plegado prolijamente, tal y como decía la carta, en el que se leía: «VÍCTOR».

Anonado prometió cumplir el sueño de los enamorados. Ya, junto a la ventana y en un sollozo virginal, vio a Álvaro. Bajo la lluvia aún parado frente a la institución, con su cabello mojado chorreando por su cara, a la espera de una señal, de algo.

Delgado lo miró fijamente. Álvaro lo contemplaba a pesar de la lluvia y la distancia.

Ese día, Álvaro abandonó para siempre la institución. No volvió a casa, ni a ningún otro lugar.

Algunas personas nunca llegan a casa.

XXXXVI

Cimas IX

Te he visto irte tantas veces que sería menester pensar que ya no me perteneces. He luchado tantas guerras que no recuerdo mi última batalla ganada. El sonido de tus caricias todavía resbala por mis oídos y retumba en el eco que me has dejado en el alma.

El mundo nos escuchará gritar juntos.

Ahora siénteme y huye de mi sombra, enloquece mi palpitar, refuta mis sentires. Te necesito, aun así, te necesito. Tus confesiones fueron demasiado para mí, más de lo que mi pecho supuso soportar. No quiero nada más por lo que luchar, pero no te preocupes, no te dejaré caer. Al menos no de nuevo.

No puedo acompañarte en tu pena, tampoco en el dolor. Ya no sé lo que ha pasado y no sé si alguna vez lo he sabido. Muéstrame lo real. El odio en tu soledad.

Lléname de color, de vino, de esos matices que has olvidado. Ódiame como has sabido odiarte a ti misma tanto tiempo. Siente el fuego de las vicisitudes encontradas.

Dispara contra mí, contra él, contra la nostalgia, contra ti misma. Recuerda mis manos en tu espalda, mis yemas hundiéndose en tu cabello. La fricción de nuestros pechos. El anhelo de lo eterno. La analogía del abrazo.

Mírame sin mirarme, toma mi mano abrazando el cielo. Hoy el sol es tuyo y, aunque no me pertenezca, o al menos no todavía, te lo obsequio, para que en él atesores las imágenes que hoy brillan en tu corazón.

XXXXVII

Partícipes de lo impune

Bajé las hojas, sin caer en la importancia de aquellas palabras. Me apuré en abrir la carta, en donde sospechaba estarían todas las respuestas.

Querido hijo:

Antes que nada quiero que sepas que conocí a tu madre de una manera que las palabras apenas pueden describir. La conocía, sabía quién era de tal forma que la respetaba de una manera exquisitamente romántica. Pequé demasiadas veces de la sinceridad que me inspiraba y fui arbitrariamente estúpido en mis sentimientos. No estoy feliz solamente por la conciencia real y absoluta de haber vivido innumerables sensaciones conjuntas, sino por el hecho de haberlas vivido junto a ella. Más que nada en el mundo, me quedo con la certeza de haber vivido el sinnúmero razonable de historias como para afirmar que puedo definir sin eufemismos lo que significa la palabra amor. Tantos años han pasado desde que escribí *Las penas del Álvaro* con el único propósito de que sepas tu historia. Que tus padres jamás te abandonaron, ni se deshicieron de ti. Tan solo tomaron las decisiones equivocadas.

Tardé años en poder dar con tu paradero y el de tu hermosa familia. Muchas personas y organizaciones me ayudaron a hacerlo desde el anonimato. El día en que te vi por primera vez, salías de tu casa en Mar del Plata con un sobretodo negro y sobre tu espalda cabalgaba Josefina, semidormida. En aquel momento tuve que marcharme para no ir a tu encuentro y abrazarte y contarte toda la verdad. Pero me ibas a tomar por loco y todo hubiese sido en vano, entonces busqué otra manera para que fueras tú el que se acerque a mí. Pasé muchos años encerrado en lugares que no quiero recordar. A riesgo de merecer tu repudio, quiero afirmar que son pocas las cosas que un hombre necesita para indagar dentro de su alma. Pero requirió de mucho valor el hecho de tomar la iniciativa de volver a reconstruir mi historia desde cero, para que puedas entender lo especial que has sido.

Desde que te encontré, planeé de muchas maneras cómo entregarte el libro. Los años de medicación también han destruido mi perspicacia. No se me ocurrió más que un puesto callejero. Estudié tus rutas, tus posibles desvíos y hasta tus gustos literarios. Todo lo que me ayudase a llamar tu atención. Aquel sábado de invierno, acomodé todos mis libros en la esquina de Moreno y Catamarca. Sabiendo o, más bien, deseando que pasaras por aquella intersección. Cuando te vi venir, un nerviosismo indescriptible atravesó mi cuerpo. Hacía muchos años que no sentía a mi corazón latir de esa manera. Me hablaste, y para mí descubrir tu voz fue algo soñado. Debo confesarte que todos los libros eran el mismo libro. Que de ninguna manera te iba a dejar escapar de tu historia.

Me encantaría poder abrazarte, cargar a mi nieta o leerle un cuento antes de dormir. Ya no creo que sea posible. Esta carta de presentación y despedida tiene un motivo diferente. Supongo que en tu camino de investigación te habrás topado con la hostería de mi amiga Gladys. Hace casi diez años que ella falleció dejándome como único heredero de aquella magnífica casona. Quiero que sea tuya. Que hagas con ella lo que te parezca correcto. Es tu decisión. El papeleo del traspaso de propiedad tardará unos meses en llegarte.

Los años de medicación y tratamientos están pasándome factura y mi médico no cree que me quede mucho más tiempo de vida. Por eso, este era el momento de que supieras tu historia y abrazaras tu pasado.

Hubiese sido muy feliz de poder haber compartido tu vida y la de la pequeña Josefina. Quiero que sepas, hijo querido, que nunca dejé de soñar contigo.

Tú papá, Álvaro Mansilla.

Mi cabeza estaba a punto de explotar. Miré la fecha del envío y estaba fechado hacía tres meses. Volví a leer la carta intentando entender qué estaba sucediendo. Había tardado demasiado en mi investigación. Lo único que podía hacer era encaminarme hacia la hostería.

Tomé el primer taxi que pasó por Yerbal y en menos de diez minutos me encontraba frente al edificio. La hostería parecía abandonada hacía años. Las ventanas estaban tapiadas y los vidrios rotos. Esperé unos minutos sentado en el cordón a que terminara de anochecer, ya casi eran las siete de la tarde. Trepé hasta la ventana del segundo piso. Por uno de los huecos de la madera, observé las sombras en el interior. Me saqué la bufanda del cuello y la sujeté a mi codo. La madera seca y podrida cedió al primer golpe. Me agaché para poder pasar. Mi encendedor era mi única luz, maldecí por no llevar una linterna. Caminé unos pasos y choqué con un escritorio, me incliné para inspeccionar los cajones. El primero contenía elementos de cocina: cuchillos, tenedores y exprimidores desarmados. En el segundo encontré una vela entre docenas de cajitas de fósforos vacías. La encendí. Ahora podía ver con más claridad en dónde estaba metido. El piso se encontraba vacío. Bajé las escaleras y comencé a reconocer las fotografías en la pared. Era Gladys junto a su esposo. A cada paso la madera crujía bajo mis pies. Todas las habitaciones estaban abiertas excepto la cocina. Revolví todos los cuartos en busca de algo, no sabía bien qué. Debía apurarme, no me quedaban más de diez minutos de vela. Llegando al fondo encontré lo que debía ser el cuarto de la viuda. El placard estaba lleno de vestidos floreados y cajas. Un pañuelo rojo con flores blancas cayó al suelo y lo metí en mi bolsillo. Apoyé la vela en el piso y comencé a reconocer las desgastadas fotografías en la pared. Tras las cajas había un pequeño cofre que enseguida llamó mi atención. Tomé un cuchillo del segundo piso y forcé la cerradura. Dentro solo había un papel y una fotografía. En la imagen se podía ver a Álvaro abrazando a Emma. No debían tener más de 23 años. Eran mis padres. Posé la foto sobre mi pecho. Ella era mucho más bella de lo que había imaginado. Su mirada, perdida en la nada, transmitía un sentimiento indescriptible. Álvaro sonreía y la veía de reojo mientras por la ventana se escapaba el reflejo de un árbol que estaba perdiendo sus hojas. La vela estaba anunciando el fin de la luz. Encendí el encendedor y, como si de un cuento de terror se tratase, comencé a leer.

> Amiga mía:
>
> Mis pies ya se hunden en la cristalina agua de los mares caribeños, siento cómo la arena se acumula entre los dedos de mis pies y el sol quema mis pupilas cuando intento levantar la vista. Aquí las olas traen los caracoles más hermosos a la orilla, intento meter todos los que puedo en mis bolsillos para luego poder perforarlos como me enseñaste el primer día que nos conocimos. Me dijiste que no había muchos caracoles en Mar del Plata, pero siempre que ibas con tu marido te traías todos los que podías escondidos en tu cartera. Él también está aquí, dice que te extraña mucho y que no te afanes en venir. Podemos con los caracoles solos. Allá los caracoles te necesitan todavía. Necesitan que los recojan y los perforen. Te queremos más que nunca y más que siempre, y esperamos que tardes mucho en llegar aquí.
>
> AYELEN.

Era la carta de Ayelen, la amiga de Gladys que se había suicidado allá por los años treinta.

XXXXVIII

Finales

Llegué a casa extrañamente contento. Abracé a mi esposa y a mi hija. Las senté a la mesa, les conté todo. Absolutamente todo. Cuál era mi historia, de dónde vengo realmente, quién fue mi padre y por qué murió mi madre. Les hablé sobre la astucia y el valor de Álvaro y de la belleza descomunal de Emma. Puse sobre la mesa la fotografía que había encontrado en la hostería y les mostré a mis padres, a sus abuelos y a sus suegros. Repetí y grité que estaba orgulloso de ser su hijo. Por último, les comenté que estaba trabajando en un pequeño proyecto sobre la atroz perversión de los amores y odios emergentes por los cuales atravesé, que tal vez y solo tal vez, titule *Cimas*.

Cimas

Imagina un árbol, viejo y marchito. Triste como una hoja cayendo en otoño. Luego pasa suavemente la soga por tu cuello, de tal manera que no notes la atadura. Cuélgate, déjate ahí. Solo, tan solo como puedas dejarte. Algún día quizá puedas bajarte. Si no puedes, si con todas tus fuerzas no logras descolgarte, quizá el nudo fue demasiado para ti o tal vez nunca fuiste merecedor de la fuerza que desate a tu propio corazón. El árbol tendrá seguramente viejas marcas de antiguos enamorados, puede que ellos hayan podido soltarse o, al menos, olvidar que han sido colgados en primer lugar por alguien del que ya no recuerden su rostro, siquiera su nombre. O vivirán colgados, sostenidos por la misma rama, bajo la misma oscura sombra, tras el mismo destino resignado de los no amados.

Las mesetas de tierra se habían acumulado de tal manera que ya no podías ver tu cuerpo. Apenas el filo de la soga que apretaba las venas. Pese a contemplarte al borde del abismo, no pensaste en ayudarte. Ya era tarde, siempre lo fue. Entonces reíste. Reíste de tal manera que las lágrimas invadieron tus ojos porque entendiste, finalmente comprendiste, que en aquel moribundo sauce yacía todo lo que quisiste ser.

Ahora imagina otro árbol, igual que el anterior con las mismas viejas raíces y la misma copa despoblada. La única diferencia entre ese árbol y aquel es que ya no te encuentras colgado. Que pudiste descolgarte, que pese al frío y al dolor pudiste sacar la soga de tu cuello, tan solo para darte cuenta de que no

hay nadie abajo; que nadie espera en ningún lugar y saber que es preferible vivir atado a una ilusión que suelto en la soledad de la desesperanza.

Aquella tarde, sin darte cuenta, volviste a pasar la soga por tu cuello.

FIN

Índice

Esta edición se terminó
de imprimir
en España
en marzo de 2019

Made in United States
North Haven, CT
17 October 2026

20543549R00129